世界の
作りおき
野菜

X-Knowledge

フレディー・ジャンセン

世界の作りおき野菜

みんなに愛される味付けの魔法

X-Knowledge

Contents

- 7 なぜピクルス作りにこだわるの？
- 11 ピクルス vs 発酵食品
- 15 ピクルス - PICKLES -
- 56 発酵食品 - FERMENTATIONS -
- 73 ソース - SAUCES -
- 89 レシピ集 - THE RECIPES -
- 123 ドリンク - DRINKS -
- 139 索引 - INDEX -
- 142 著者について
- 143 謝辞

なぜピクルス作りにこだわるの？

よく受ける質問です。こう聞かれると、私はつい熱くなってしまいます。期間限定店舗や出張ディナーのために、数年前にピクルスやキムチを漬けるようになったいきさつから始まって、ピリッとパンチの効いたおいしさがいかに病みつきになるかまで、話が尽きることはありません。

私はオランダで生まれ育ちました。金曜日の夜になると、母や姉と一緒に、オランダ式フライドポテトのマヨネーズ添えと、フリカンデル（揚げたソーセージにカレーソースとマヨネーズと生の玉ねぎのみじん切りをかけた料理）またはサテクロケット（ピーナッツ入りサテ風味のコロッケ）をテイクアウトしたものでした。そこで私が必ず注文したのが、カウンターの上の巨大なガラスびんに入ったアムステルダム風玉ねぎのピクルス。サフラン色で甘酸っぱい玉ねぎのピクルスは、当時の私にとって世界一おいしい食べ物でした。本書の91ページで私流の食べ方を紹介しています。そして忘れがたいのが、母と一緒にドイツビールのバーでおやつに食べた、たっぷりと大きいディル風味のきゅうりのピクルス。それから、父の得意料理は通称「パパ風ミックス」で、残り物のフライドポテトと、きゅうりと玉ねぎのピクルスを混ぜ合わせ、それに目玉焼きを載せたものでした。姉と私の朝ごはんの定番は、ハインツのサンドイッチスプレッド（インド風野菜のピクルス「ピカリリー」をなめらかにしたようなスプレッド）を塗った白パンでした。でも私の大好物といえば、シュークルート・ロワイヤル（ザワークラウトにマッシュポテトを混ぜ、ソーセージ、ベーコン、ブラックプディング、ベークドアップルを添えた料理）で、今も里帰りのたびに楽しみにしているごちそうです。

私の人生初の仕事は17歳のとき。小さなインドネシア料理店でウエイトレスとして働きました。そこで出会ったのが、オランダ風にアレンジしたアジアのピクルス、アジャール（47ページ）。見た目も美しく、歯ごたえが良く、甘酸っぱいピクルスで、米料理とともに提供されていました。食感や色、香り、辛さがさまざまで、私がそれまで食べたことがないくらいエキゾチックで、えもいわれぬおいしさだったのを覚えています。その少し後、二日酔いを治すために朝食に食べるようになったのが、塩漬けのにしんです。つまり、私はピクルスや発酵食品とともに育ち、それらは毎回の食事に欠かせない存在になりました。

2008年、私はロンドンに引っ越し、シンガポール、メキシコ、マレーシア、日本、ベトナム、アメリカ、オーストラリア、南アフリカを旅して、レストランやマーケットの屋台でさまざまなおいしい料理に出会いました。驚きに満ちた多彩な食文化に触れて、自分自身の生い立ちを理解するとともに、子どものころから大好きだった食べ物を私なりに追求したいと思うようになったのです。

ピクルスや発酵食品は難しく見られがち。ルールが多くて、計量もめんどうだと思っている人が多いもの。でも実際にはそんなことはありません。手に入りにくい特別な調理器具は一切必要なく、普通のキッチンにそろっているもので十分作れます。

この本で紹介したレシピのほとんどは、冷蔵庫で作るピクルスです。（大部分が）生の材料を使い、酢をベースに塩と砂糖を加えたピクルス液に漬けた

もので、スパイスやハーブで風味を付けることもあります。ここで少し科学的な解説をすると、塩は水分を引き出す性質があるため、バクテリアが増えるのを抑えられ、酢は酸性のためバクテリアの繁殖を防ぎ、果物や野菜の自然な歯ごたえを保つのに役立ちます。加熱も発酵もせずただ漬けるだけで、梨のピクルス（31ページ）、ローズマリー風味のプラムのピクルス（36ページ）、小玉ねぎのタイ風ピクルス（19ページ）、四川風スイカのピクルス（23ページ）といったカリッとおいしいピクルスが簡単にできます。さらに、塩ベースのピクルス液で野菜を発酵させるレシピや、数種のキムチも紹介しています。

ピクルス作りのすてきなところは、酢、塩、砂糖、それに生の野菜などの身近な材料が、見事なごちそうに生まれ変わるということです。材料を混ぜ合わせたら、あとは2時間から数か月かけて魔法が起こるのを待ちます。その結果に、あなたの舌は驚嘆することでしょう。

ピクルスのしゃきっとした歯ごたえとフレッシュな風味は、いつもの料理にアクセントを与えてくれます。小玉ねぎのタイ風ピクルス（19ページ）をカレーに、F.A.T風ごまキムチ（71ページ）をチーズ入りグリルサンドイッチ（121ページ）に、自家製シラチャーソース（86ページ）をハンバーガーに加えてみてください。自家製ピクルスの盛り合わせをハムソーセージとチーズに添えれば（20ページ）、ディナーパーティーの前菜にぴったり。あなたもピクルス・クイーンかピクルス・キングと呼ばれるくらい、何でもピクルスにしたくなるに違いありません！

私が食のプロになるまで

私は4年間、ロンドンの広告代理店「プロテイン」でクリエイティブディレクターとして勤務し、すばらしいクライアントに恵まれました。そのハイライトのひとつが、アメリカ人シェフ、ダンテ・ゴンザレスとの仕事。ニューヨークのブルックリンにある彼のロフトで、音楽と料理を楽しむために開かれたパーティーでした。大勢の招待客のために、ダンテは伝説的なフライドチキンを手早く作り、私はサラダバーの番を担当しました。それが私の広告代理店での初日の仕事。かなり奇妙でもあり、記念すべき一日になりました。その後も、仕事のおかげで私はマイアミ、ニューヨーク、ロサンゼルス、ボストンなどを回り、クリエイティブでアイデアにあふれる同僚たちと撮影などの仕事をするだけでなく、名だたる都市のレストランに行くチャンスを得たことが、新しいキャリアを目指すきっかけになったのです。

広告業界で働いている間、料理関係の仕事をしてみたいと考えていました。いよいよ立ち上げたのが、F.A.Tという名前の期間限定店舗。私の名前フレディーのFと、2人の友達、アリス・ウエイス（アーティスト兼デザイナー）のA、テレンス・テー（ジャーナリスト）のTをとった命名です。2人とも今はニューヨークを拠点にしています。私たちは食べるのが大好き。アメリカのシェフ、アンソニー・ボーディンのレシピ本と料理番組に夢中でしたが、料理オタクと呼ばれたら真っ向から反論していました（実際には料理オタクそのものだったのですが）。「プロテイン」のギャラリーでディナーパーティーを開くようになり、それがのちに期間限定店舗やストリートパーティー、ケータリングのイベントに発展していきました。その間は、ただただ夢中でした。3人ともレストラン業界は未経験。メ

ニューをただ思い付きで考え出し、実際には作ったこともない料理の中から、100人のお客さんが10品ずつオーダーしようとしているという状況に突然投げ込まれたのです。まさににわか仕立ての仕事でした。でも、親友たちとともに未知の世界に踏み込み、全く新しいこと、真心を込めて没頭できることをとにかくやってみるという気持ちが、夢をかなえてくれたのだと思います。たくさんの人にこれまで食べたことがないものや新しい味覚を体験してもらい、わくわくした新鮮な気分にさせることは本当に楽しくて、この経験が料理の世界でキャリアを追求する決心に結び付きました。

やがて、「プロテイン」での仕事を辞め、食の業界に飛び込みました。コーヒーショップの中に、3か月限定のポップアップ・ランチカウンターを開業。そこは同じ店舗の中で床屋も営業しているというクールでユニークなマルチ空間でした。ゼロからのスタートですから、困難な道のりを覚悟の上での決断です。1日10時間をラップトップの前で過ごす日々から、町中の肉屋やパン屋やマーケットを走り回り、メニューを書き、毎日朝早くから夜遅くまで料理をする生活に変わりました。同業者の知り合いはいないし、高品質の果物や野菜を納入してくれる業者を探す方法も分からず、配達をしない独立系の生産者から少量の素材を直接仕入れていました。初日に来てくれたのが、友人のジェイムズ・ロウ。今ではロンドンのミシュラン星付きレストラン「ライルズ」のオーナーシェフ（そして私のボス）です。ロンドンの「セント・ジョーン・ベーカリー」の創業者であり、伝説的な天然酵母のパンやドーナツの生みの親でもある（そして今ではやはりロンドンの名店である「ブレッド・アヘッド・ベーカリー」を経営している）ジャスティン・ゲラトリーに紹介してくれたのも、ジェイムズでした

し、自家製のケチャップを毎週店まで持ってきてくれました。最初のお客さんにサービスしようとしていた私をわきに引っ張って、この業界で一人前の扱いを受けるためにはエプロンをしなくてはだめだと耳打ちしてくれたのも彼。エプロンをしたら自分らしくなくなると思っていた私は、ジャスティンのアドバイスを無視しました。毎日好きな服で店に出ていたのですが、1週間経って、食関連のブロガーやシェフたちが訪れるようになると、考えを変えました。私はエプロンをし、現実を直視したのです。こうして私は食のプロになりました。

やがて、友達が最初のレストラン、「リタズ」をオープンさせ、ピクルスとキムチを仕入れさせてほしいと言ってきました。別の友達で、すばらしいショップ「バラ・オブ・ジャム」をロンドンで経営するリリー・オブライアンも、私が作るピクルスや調味料を売りたいと言ってくれました。私がびん詰めとラベルのデザインを試行錯誤の末に完成させると、すぐに商品としてお店に並びました。私は自分が作る食品の味はもちろん、見た目にもこだわりたかったのです。これは、私がかつてマーケティング・広告の業界にいたせいかもしれません。

それから2年。今の私は、週末になると南ロンドンのドルイド・ストリート・マーケットに屋台を出して、自家製ピクルスとチーズ入りのグリルサンドイッチを売り、ふだんはレストランのマーケティングとPRの仕事をしています。自分が本を書くようになるなんて思ったこともありませんでしたが、そんなことが現実になった今、ひとつの到達点に違いないと思います。

ピクルスにまつわる知識

1 「ピクルス」の語源は、オランダ語で「ピクルス液（ピクルスの漬け汁・塩水）」を意味する「pekel（ペケル）」です。

2 今流行りのピクルス作りと発酵食品作りですが、食品の保存（冷蔵庫のない時代）、アルコール製造、風味を増すためといったさまざまな理由で、古代から行われていました。中でも主な目的は、特定の季節にしかとれない食べ物を一年中食べられるようにすることでした。

3 食品を発酵させるということは、バクテリアや酵母のような微生物や、それが作り出す酵素を働かせるということです。発酵食品はとてもヘルシーで、消化器官の健康に役立ちます。キムチやザワークラウトを食べていれば、元気いっぱいでいられます。

4 一方、酢に砂糖（塩とスパイスも）を加えたピクルス液で作られるピクルスは、正直なところ、ヘルシーさではほかの食品に劣ります。でも自分で作れば、砂糖の量を調節できますし、お店で買ってくるのに比べれば、少なくとも自分が知っている材料を口にすることができます。

5 私たちは普段からさまざまな発酵食品を食べています。天然酵母パン、オリーブ、ヨーグルト、チーズ、ワイン、ビール、酢など、例を挙げればきりがありません。

6 発酵食品の道を極めたいなら、発酵の王様、サンダー・キャッツ著『発酵の技法 ──世界の発酵食品と発酵文化の探求』（オライリージャパン）が必読書です。

ピクルス vs 発酵食品

ピクルスと発酵食品の違いは何でしょう？ 発酵していないピクルスもあれば、ピクルスのようにピクルス液に漬けていない発酵食品もあります。

簡単に言えば、ピクルスとは、酸性のピクルス液に食品を保存する過程で作られ、通常は酢が使われます（酢自体が発酵食品です）。ピクルスでは、生のまま、もしくはさっと加熱した材料を通常は熱いピクルス液に漬けるので、栄養は損なわれます。発酵食品と違って、プロバイオティクス（体に有益な働きをする菌や微生物）の健康効果は得られません。

それに対して発酵食品では、健康に有益な菌を含む新たな栄養が作り出されます。塩と浄水器を通した水、それに場合によってはスターター（発酵種）を用い、糖を酸に変えることができます。このプロセスは酸素の少ない環境でのみ起こるので、気泡を取り除くために食品をできる限り圧縮できる容器を用います。発酵の過程で、食品から酸性の水分が出てきます。この水分が乳酸と呼ばれ、乳酸ができる過程を乳酸発酵と呼びます。このプロセスは、最初に有害な菌を殺し、食品に含まれる乳糖などの糖を乳酸に変えて、乳酸の働きで食品の保存性が増すとともに、独特のおいしい酸味を生み出します。キムチ、ザワークラウト、ヨーグルトなど、熱を加えず、食品自体から出る酸性の水分を生かしたプロバイオティクス食品は、腸に非常に良い効果をもたらします。

発酵は微生物の成長を早め（あるいは遅らせ）、発酵が進むと、菌、カビ、酵母の増殖を促します。基本的に、発酵食品は「生き物」なので、時間が経てば経つほど発酵は進んでいきます。手作りのキムチやザワークラウトを保存するときはこの点に注意しましょう。長く時間をおくほど風味は変わっていくので、自分が好きな味と食感になるまで試食し続けるのがおすすめです。

おいしく作るコツ

新鮮な材料を使うこと
質が良く新鮮な旬の材料を買いましょう。ふにゃっと柔らかくなってしまったきゅうりをピクルスにしても、突然しゃきっとおいしくなることはありえません。旬の素材を使えばその食材の持つ最高の味が楽しめ、それをきちんと丁寧に扱えば、必ずおいしいピクルスができあがります。

にんにく
ピクルス液のにんにくが鮮やかな青色になってもびっくりしないで。何やら恐ろしい化学反応が起きたかと思ってしまいますが、にんにくが古い場合に起こる現象です。ピクルスの質には影響ありません。

塩
塩は材料の野菜や果物から水分を引き出し、悪い菌は死に、良い菌が育つような環境を作り出します。通常の食卓塩ではなく、コーシャーソルト(無精製無添加の天然塩)、海の塩、漬物用の塩など、良質の塩を使うことがとても大切です。食卓塩にはヨウ素などの添加物が含まれているので、ピクルス液を濁らせたり、発酵中に有用菌の増殖を抑止したりすることがあります。

スパイス
市販されているパック入りのピクルス用スパイスを使うのは避けましょう。スパイスは実験しながら自分で分量を決めるのがおすすめ。ピクルスを取り出すときにピクルス液に浮かぶ、スパイスの粒をきれいに取り去るのがめんどうなら、モスリンの布や目の粗い薄い綿布にくるんで肉用のタコ糸で縛ると良いでしょう。

砂糖
砂糖は食品の保存性を高めるためにも、味付けにも役立ちます。ピクルスの場合、酢に由来する酸味をやわらげてくれます。普通のグラニュー糖を使って全く問題ありません。上白糖(溶けやすい)を使っても良いですが、どんなキッチンの砂糖つぼにも常備されているような白砂糖で十分です。

酢
安い酢は使わないでください。味に違いが出てしまいます。私が使うのはりんご酢、赤ワインヴィネガー、白ワインヴィネガー、米酢で、とりわけ米酢がお気に入り。酢酸の含有量が少ないのでピクルスができるまでに時間がかかりますが、まろやかで、はっきり言えばあまりお酢っぽくない味に仕上がります。ピクルス液に使う酢は、ピクルスの色と味に影響します。

もちろん、酢も自家製で作れますが、初心者であれば買う方が簡単かもしれません。ちょっと工夫してみたいという方なら、しそやリコリス、エルダーフラワーなどを浸して、フレイバー付きの酢にしてみると良いでしょう。ピクルスのピクルス液は2、3回繰り返し使えます。ピクルス液を再利用する場合、濾して、再加熱し、味見して甘さと塩分とスパイスの風味を調整してから、新たな材料の上に注いでください。

調理器具についての注意書き
（本当に必要なものはほんの少しだけ）

計量
調理器具について1つアドバイスするとすれば、良質の計量カップと大さじや小さじなどの計量スプーンを1セットそろえて、いつもそれを使うことです。
※本書で表示している大さじ1は15㎖、小さじ1は5㎖です。

ピクルス用の器具
特別な調理器具は必要ありません。ピクルス液を加熱するときは、非反応性またはステンレスの厚底の鍋があれば理想的。それから、酢で変質しない素材の密閉できるふたが付いたガラスびん（メイソンジャーなど）と、ピクルスや自家製調味料を保存するための食品用のプラスチック容器も必要です。

発酵用の器具
発酵食品の初心者でも、家にある器具で作れます。次の点に注意してください。

＊レシピの最初にあるできあがり量を見て、適切なサイズのびんや容器を用意しましょう。発酵をスムーズに進められるよう、小さめよりは大きめを選ぶのがコツ。発酵すると気泡が出るので、「げっぷができるゆとり」が必要です。

＊液体があふれることがあるので、びんや容器は平らな皿の上に載せるのがおすすめ。ザワークラウトや辛いソース（シラチャーソースやキムチ辛味ソースなど）は、発酵の勢いが強く、気泡が大量に出るのでとりわけ注意が必要です。

＊金属の容器やボウルを使うのは避けましょう。セラミックや食品用プラスチックなど非反応性の素材でできた容器を使ってください。

＊材料が完全にピクルス液で覆われるようにします。底までしっかりと沈め、液体に含まれた空気を完全に抜き、それから清潔な皿を表面に置いて、浮かんでこないように重しをしましょう。水を入れたジップロックの袋を使うと便利です。

発酵食品作りに本格的に取り組みたいなら、セラミックのザワークラウト用容器を買うのがおすすめ。重し付きのふたと、密閉できるふたが両方付いていて、とても使いやすいです。

殺菌、びん詰め、保存
漬け込むときは必ず殺菌した容器を使いましょう。雑菌が繁殖するのは何としても避けたいもの。冷蔵庫で作るピクルスなら、数日しか保存しないので、洗剤を溶かした熱湯で洗えば良いでしょう。2週間以上保存したい場合は、2つの方法があります。1つめは、容器とふたをお湯と洗剤でよく洗ってから、その後予熱したオーブンで10分ほど加熱し、容器とふたを完全に乾かすという方法。もう1つの方法は、最高温度に設定した皿洗い機で洗うことです。

材料を容器に入れるときは、双方が同じ温度になっていることを確かめましょう。温度差があると腐敗の原因になります。たとえば、熱い液体は熱した容器に、室温の液体は室温の容器に入れましょう。シンプルですね。容器の口まで入れることは避けて、必ず呼吸できるスペースを少し残しましょう。材料を入れたら、すぐに容器の口を閉めて室温に冷まし、それから冷蔵庫に入れます。

PICKLES

初めてピクルスを漬けたときのことはよく覚えています。小さなきゅうりのピクルスだったのですが、ひどいにおいになってしまいました。今思い出すと笑ってしまいます。ピクルス作りは本当に簡単なのですから。

ピクルス作りは、凄腕シェフでなくてもできます。ピクルスはたいした手間もなくできてしまうもの。びんの中でほとんどひとりでにできる食品です。冷蔵庫に自家製ピクルスのびんがいくつか入っていれば、即席パーティーやカジュアルなディナーパーティーはいつでも開けるというのが私の持論です。どんなに簡単な料理や軽食でも、風味の良いピクルスをアクセントに加えれば、たちまちごちそうになってしまうのです。

きゅうりのピクルスは作りやすく、ほかの料理との相性も抜群。一度作ったら、いつでも冷蔵庫に常備しておきたくなるはず。私はびんから直接つまむことも、ポテトサラダやサルサヴェルデに入れることもありますし、もちろんチーズ入りグリルサンドイッチにも欠かせません。フライドポテトのような形に切るのもおすすめで、私はクリンクル・カット（波型カット）にするのが好き。ハンバーガーの最高のお供にもなります。

きゅうりとディルのピクルス

材料（1ℓ容器1つ分）
きゅうり…750g
　（洗って縦に四半分に切る）
ディル…1束
にんにく1～2かけ
　…皮をむいて薄切りにする）
レモンの皮…1/2個分
米酢…250mℓ
白ワインヴィネガー…250mℓ
グラニュー糖…100g
海の塩…大さじ2
マスタードシード（イエロー）
　…大さじ1
粒黒コショウ…大さじ1
シナモンスティック…1/4本
唐辛子（フレーク）…1つまみ

1. きゅうりとディルを清潔なガラスびんかプラスチック容器に入れる。
2. にんにくとレモンの皮を加える。
3. 大きな鍋に残りの材料を入れて混ぜ、250 mℓの水を加え、中火～強火で熱する。10分ほど混ぜ続け、砂糖を完全に溶かす。
4. 火を止めて5分ほど冷ます。
5. 温かいピクルス液をきゅうりの上から注ぎ入れ、きゅうりが完全に浸るようにし、必要ならば皿を上から載せる。ピクルスは1～2日経てば食べられ、1週間後が食べ頃。冷蔵庫で3週間保存が可能ですが、1週間を超えると歯ごたえが失われてしまいます。

よく冷えたビールにぴったりのおつまみになりますし、タイカレーの材料としても使えます。ピーナッツやポーク・スクラッチング（豚皮の揚げ物）を、魚醤と塩、コショウ、砂糖、こぶみかんの葉のパウダーで味付けしてローストし、このピクルスを添えると、抜群においしいです。

小玉ねぎのタイ風ピクルス

材料（500mℓ容器1つ分）
小玉ねぎ…200g
　（8〜10個、皮はむかない）
米酢…250mℓ
グラニュー糖…220g
海の塩…大さじ1
こぶみかんの葉（生）…5枚
レモングラス…1/2本

1. 小玉ねぎを大きなボウルに入れて、沸騰した湯をひたひたになるまで注ぎ、1分間おいたら、ざるにとって冷ます。
2. 手で扱えるくらいに冷めたら、皮をむいておく。
3. 米酢、グラニュー糖、塩を鍋に入れて中火にかけて沸騰させ、泡立て器でかき混ぜてグラニュー糖が溶けたら火を止める。
4. 小玉ねぎ、こぶみかんの葉とレモングラスを加え、再び火にかけ、沸騰したら弱火にして5分間加熱する。
5. 穴あきのおたまで小玉ねぎ、レモングラス、こぶみかんの葉を取り出し、清潔なびんに入れる。
6. 鍋に残ったピクルス液を再び火にかけ、中火で5分さらに加熱する。
7. 小玉ねぎのびんに、熱いピクルス液をそっと注ぎ入れる。ふたをしてしばらくおき、冷めたら冷蔵庫に入れる。
　ピクルスは2日後には完成し、冷蔵庫で1か月保存できます。

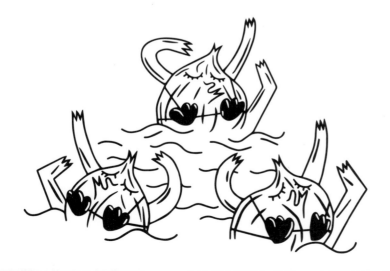

私はサンファイア（海岸沿いでとれるセリ科の野菜。「シー・アスパラガス」とも呼ばれ、しゃきしゃきした歯ごたえが特徴。）の海の塩気を含んだ風味が大好き。蒸してバターをあえて魚に添えると、とてもおいしいです。でも旬が短いので、ピクルスにしたら長く楽しめるのではないかと考えました。天然の塩気を多く含んでいるので、ピクルス液に塩は使いません。魚、ロブスターロール、またはハムやソーセージを盛り合わせたプレートに添えるのがおすすめです。

サンファイアのピクルス

材料（500mℓ容器1つ分）
サンファイア…250g
米酢…250mℓ
りんご酢…250mℓ
グラニュー糖…50g
ベイリーフ…2枚
マスタードシード（イエロー）
　…小さじ1
コリアンダーシード…小さじ1/2
粒黒コショウ…小さじ1/2

1. 鍋に湯を沸騰させ、サンファイアをゆでる。10秒間ゆでてから氷水にとり、ざるにあげる。
2. 次に、中くらいの大きさの鍋に、サンファイア以外の材料を全て入れる。中火にかけて混ぜ続け、砂糖が溶けたら火を止めて完全に冷ます。
3. サンファイアを清潔なびんに入れて、ピクルス液を上から注ぎ入れ、サンファイアが完全に浸るようにしたら、ふたをして冷蔵庫に入れる。
   ピクルスは2日後には完成し、冷蔵庫で2週間保存できます。

上から時計回り：サンファイアのピクルス（上記）、しいたけのコーヒー風味ピクルス（25ページ）、四川風スイカのピクルス（23ページ）

甘く香り高い、夏にぴったりのアジア風ピクルス。ポークチョップやベーコン、ハム、ソーセージなど、塩気の強い肉料理に合います。ロンドンの「ファッティーズ・ベーカリー」のクロエがすすめるのは、一日の終わり、自分へのごほうびに、テレビを見ながらびんから直接食べること。ちなみに私はクロエが作る塩キャラメルの中毒です。

四川風スイカのピクルス

材料（500ml容器1つ分）
スイカ…1/2個
米酢…250ml
グラニュー糖…220g
海の塩…大さじ1
八角…2個
しょうが…親指大1かけ（皮はむく）
花椒…大さじ1
シナモンスティック…1本

1. スイカを角切りにする。皮の部分は、よく切れる包丁を使い、硬い緑色の皮をむいて幅2cmにしてから、一口大に切る。赤い部分はサラダ、ドリンク、あるいはそのまま食べる。
2. 大きな鍋に125mlの水と、スイカ以外の材料を全て入れる。中火〜強火にかけて、全体を温め、沸騰前に火を止める。
3. スイカの白い部分を鍋に加え、1分間強火で煮てから、さらに5分間弱火で静かに煮る。
4. 火からおろし、清潔なびんかプラスチック容器にスイカを移す。ふたをしてしばらくおき、冷めたら冷蔵庫に入れる。
   冷えたらすぐに食べられます。冷蔵庫で1週間保存できます。

土の香りがするうまみたっぷりのしいたけは、とてもおいしいきのこ。これを使ったコーヒー風味のピクルスは、私の友人でコーヒー名人ことジェイムズ・ロウと一緒に作り上げたレシピです。ジェイムズはロンドンのレストラン「ライルズ」のバリスタ長で、コッピ、ベルヴィル、JBカフィーなどの会社から珍しい個性的な豆を仕入れてスペシャルなコーヒーを提供し、イギリスのレストランのコーヒーのレベルを引き上げた人物です。このピクルスはハムソーセージの盛り合わせに添えたり、スライスしてピザやサンドイッチの具にしたり、オリーブオイルで炒めてスクランブルエッグと一緒に食べるのがおすすめです。

しいたけの
コーヒー風味ピクルス

材料（300㎖容器1つ分）
干ししいたけ…100g
白ワインヴィネガー…125㎖
グラニュー糖…大さじ1と1/2
ひきたてのコーヒー豆…大さじ1

1. 干ししいたけをボウルに入れ、熱湯500㎖を注ぐ。ボウルより小さい皿を上から沈め、しいたけがお湯に浸るようにする。15分間しいたけを戻す。
2. 網目の細かなざるにあげ、戻し汁を125㎖だけとっておく。
3. 鍋に戻し汁、白ワインヴィネガー、グラニュー糖を混ぜ、92℃になるまで加熱し、沸騰しないようにしながら、グラニュー糖が完全に溶けるまで、90℃に保ってかき混ぜ続ける。これ以上温度を上げると焦げる。
4. しいたけをきれいなびんかプラスチック容器に入れる。
5. ひいたコーヒー豆を、フィルターをセットしたコーヒードリッパーに入れ（私はセラミックのV60ドリッパーを使います）、びんまたは容器の上に置く。
6. ピクルス液を少しだけ（約50㎖）コーヒー豆の上からゆっくりと注ぎ、30秒おく。
7. 残りのピクルス液を注ぎ、びんまたは容器の口まで満たす。
8. 室温に冷ましてから、ふたをして冷蔵庫に入れる。
   翌日にはピクルスのできあがり。冷蔵庫で2週間保存できます。

このレシピでは、ピクルス液をコーヒー豆の上から注ぐのに、V60ドリッパーなどのセラミックのコーヒードリッパーを使いましょう。

甘みがあり、歯触りの良い大根とにんじんのベトナム風ピクルス。伝統的に、このピクルスはベトナム風サンドイッチ（バインミー）と一緒に食べられてきました。楽しい歯触りを加えるこのピクルスは、ほかの材料と同じくらい、ベトナム風サンドイッチには欠かせません。ピクルスは白ごはんやグリルした肉に添えたり、サラダに入れたりしてもおいしいです。

バインミー・ピクルス

材料（300㎖容器1つ分）
にんじん…250g（皮をむいて
　マッチ棒状に細く切る）
大根…250g（皮をむいて
　マッチ棒状に細く切る）
海の塩…小さじ3
米酢…125㎖
グラニュー糖…55g

1. にんじんと大根をざるに入れて、海の塩小さじ1を加えてよくまぶし、30分おく。
2. にんじんと大根を水ですすぎ、キッチンタオルで水気を取る。
3. 清潔なびんまたはプラスチック容器ににんじんと大根を入れる。
4. 大きなボウルに、ぬるま湯125㎖を入れ、米酢とグラニュー糖、海の塩小さじ2を加えて完全に溶かす。
5. にんじんと大根の入ったびんまたは容器にピクルス液を注ぎ入れ、ふたをして冷蔵庫に入れる。ピクルスは1時間でできあがり。冷蔵庫で2週間保存できます。

ビーツとホースラディッシュ（西洋わさび）は定番の組み合わせで、スモークした魚や塩漬け肉ととてもよく合います。私は薄切りにしたビーツをサンドイッチの具にするのが大好き。スモークしたサバと一緒にライ麦パンのサンドイッチにしたり、ソルトビーフのベーグルサンドイッチに入れたりするのもおいしいです。ピリッとした辛さが刺激的なホースラディッシュは、おろすときに涙が出てくるので、換気を良くしましょう。

ホースラディッシュ風味のビーツのピクルス

材料（300ml容器1つ分）
ビーツ（通常の赤ビーツ）、または
赤白のストライプのビーツ…250g
　（皮をむいて洗う。葉は取り除く）
海の塩…大さじ1
グラニュー糖…小さじ4
唐辛子（フレーク）…小さじ1
おろししょうが…小さじ2

ホースラディッシュ・ドレッシング用
ホースラディッシュ
　…100g（荒くおろす）
白ワインヴィネガー…150ml
海の塩…小さじ1/2

1. 最初にホースラディッシュ・ドレッシングを作る。ホースラディッシュ、ヴィネガーの半量、塩を、ホースラディッシュが細かくなるまでフードプロセッサーにかける。
2. 残りのヴィネガーと水大さじ3を、スプーン1杯ずつ加えて、ペースト状にする。水っぽい場合はざるを使って少し水気を濾し取る。
3. ホースラディッシュ・ドレッシングを、ビーツ用に大さじ2杯取り分けておく。残りは清潔なびんに入れてふたをし、冷蔵庫に入れて3〜4週間保存できます。
4. スライサーを使ってビーツを同じ大きさの円形に切り、ホースラディッシュ・ドレッシングと塩、グラニュー糖、唐辛子、しょうがと一緒にボウルに入れる。
5. 使い捨ての手袋をした手で、ビーツにそのほかの材料をよく混ぜ込む。
6. 清潔なびんに移し、ビーツに重しをする。1時間なじませてから、よく混ぜればできあがり。

私たちオランダ人はリコリス中毒。これは私がとりわけ気に入っているレシピです。アニスの味も、ビーツの土っぽい甘みとよく合います。

リコリス風味のビーツのピクルス

材料（500ml容器1つ分）
ビーツ…500g
　（水洗いして葉を取り除く）
白ワインヴィネガー…300ml
リコリスルート（リコリスの根）
　…3本（砕く）
小玉ねぎ…1個（薄くスライスする）
グラニュー糖…100g
粒黒コショウ…5粒
海の塩…小さじ1

1. 中くらいの鍋に水を入れて火にかけ、沸騰させる。ビーツを加えて火を弱め、1〜2時間ほど弱火で柔らかくなるまで煮る。
2. ビーツをざるにあげて完全に冷ます。
3. 残りの材料を別の鍋に入れ、水100mlを加える。火にかけて沸騰させ、弱火で30分加熱する。
4. 冷めたビーツの皮をむき、一口大に切り、清潔なびんに入れる。
5. ピクルス液を鍋に入れて少しぐつぐついうくらいまで熱してから、びんに注ぎ入れ、ビーツが完全に漬かるようにする。
6. 室温になるまで冷まし、ふたをして冷蔵庫に入れる。ピクルスは2〜3日でできあがり。2週間保存できます。

私はフェンネルのピクルスが大好き。しゃきっとした歯触りや、アニスのような独特の風味とさわやかな甘味が魅力です。ピクルスだけを小皿に盛って出してもいいですし、極薄に切ればサラダのベースになりますが、「究極のミートボール・サンドイッチ」（97ページ）には絶対欠かせません。

フェンネルの甘味ピクルス

材料（300mℓ容器2つ分）
生のフェンネル…2個
米酢…125mℓ
白ワインヴィネガー…125mℓ
海の塩…大さじ1
グラニュー糖…大さじ3
コリアンダーシード…小さじ1
フェンネルシード…小さじ1

1. 生のフェンネルをゆすいで茎を取り去ったものを千切りにし、清潔なびんかプラスチック容器に入れる。
2. 米酢、ヴィネガー、塩、グラニュー糖と水125mℓを中くらいの鍋に入れて、中火〜強火で熱する。
3. コリアンダーシードとフェンネルシードを加え、中火〜強火で5分間煮る。
4. びんの中のフェンネルの上から熱いピクルス液を注ぎ入れる。ふたをして、冷めたら冷蔵庫に入れる。5日でできあがり。冷蔵庫で2週間保存できます。

梨のピクルスは期待を上回るおいしさです。おいしいスティルトン・ディップ（81ページ）を添えて、ピクルスの盛り合わせプレートやサラダに入れたり、スペアリブやバーベキューの肉のつけ合わせにしたりするのがおすすめです。

梨のピクルス

材料（300mℓ容器2つ分）
梨…2個
米酢…250mℓ
グラニュー糖…220g
海の塩…小さじ1
にんにく…1かけ（皮をむいて薄切りにしておく）

1. 梨を洗い、皮をむいて縦に四半分に切り、芯を取ってから横向きに厚切りにする。
2. 米酢、グラニュー糖、塩を中くらいの鍋に入れて混ぜ、中火〜強火にかけて混ぜ続ける。グラニュー糖が完全に溶けたら、梨を入れて全体にからめる。
3. 別の中くらいの鍋に水をたっぷり入れ、中火〜強火で湯を沸騰させる。梨をピクルス液から取り出して湯に入れ、約5分、歯ごたえが残るようにゆでる。
4. 梨を取り出し、清潔なびんに入れる。にんにくを加える。
5. ピクルス液を約5分、中火〜強火で煮詰めてシロップ状にする。
6. シロップを梨の上から注ぎ入れ、ふたをして、室温に冷めたら冷蔵庫に入れる。ピクルスは3日でできあがり、冷蔵庫で2週間保存できます。

左上から時計回り：キムチバター（82ページ）、スティルトン・ディップ（81ページ）、オレンジブロッサム風味のにんじんのピクルス（43ページ）、バーボン風味のオクラのピクルス（32ページ）、きゅうりとディルのピクルス（17ページ）、梨のピクルス（右記）、フェンネルの甘味ピクルス（上記）、バラ風味のラディッシュ（43ページ）

バーボン風味のオクラのピクルス

材料（300mℓ容器2つ分）
オクラ…200g
米酢…250mℓ
りんご酢…250mℓ
グラニュー糖…大さじ2
海の塩…大さじ4
マスタードシード（イエロー）
　…大さじ2
コリアンダーシード…小さじ1
粒黒コショウ…小さじ1/2
バーボン…125mℓ
唐辛子（フレーク）…大さじ1
生のディル…4本
にんにく…3かけ（皮をむいて
　薄切りにしておく）
レモンの皮…1/2個分

1. オクラを洗い、へたを切り取る。
2. 酢、グラニュー糖、塩、水250mℓを中くらいの鍋に入れ、中火〜強火にかけて混ぜ続け、グラニュー糖と塩を完全に溶かす。
3. マスタードシードとコリアンダーシード、黒コショウ、バーボン、唐辛子を加え、5分間煮る。
4. オクラ、ディル、にんにく、レモンの皮を清潔なびんかプラスチック容器に入れる。
5. 熱いピクルス液をオクラの上から注ぎ入れる。ふたをして、完全に冷めたら冷蔵庫に入れる。ピクルスは2日でできあがり。冷蔵庫で2週間保存できます。

オクラのぬるぬる感が嫌いという人こそ、ピクルスにするのがおすすめ。かりっとした食感とおいしさがやみつきになります。

ケバブはみんなが大好きな庶民の味。ときどき無性に食べたくなってお店に駆け込むのは、私だけではないはず。私はいつも、ちょっとだけ後ろめたさを感じながら、ラムのドゥルム（トルコ風ラップサンドイッチ）と一緒に、トルコ風青唐辛子ピクルスをもりもり食べてしまいます。ケバブもファラフェルも、おいしい青唐辛子ピクルスが絶対に欠かせません。これは私の自家製バージョンで、「天然酵母フラッドブレッド クミン風味のラムハツと青唐辛子のピクルス載せ」（105ページ）にも入っています。

トルコ風青唐辛子ピクルス

材料（750ml容器1つ分）
青唐辛子…300g
にんにく…1かけ（皮をむく）
生のタイム（ハーブの一種）…1本
りんご酢…350ml
海の塩…大さじ2
グラニュー糖…150g
パプリカ（粉）…小さじ1/4
ひきたての黒コショウ…小さじ1/4

1. 青唐辛子を洗い、にんにくとタイムと一緒に清潔なびんに入れる。
2. 中くらいの鍋に、りんご酢、水350ml、塩、グラニュー糖、パプリカ、コショウを入れて火にかけ、塩とグラニュー糖が完全に溶けるまで混ぜ続ける。
3. 火からおろし、熱いピクルス液を青唐辛子の上から注ぎ入れ、ふたをする。冷めたら冷蔵庫に入れ、2週間おいたらできあがり。冷蔵庫で3か月保存できます。

あるとき、私の友人で、ロンドンのカフェ「C.R.E.A.M」（113ページ参照）のオーナーシェフ、マグナス・リードが、食材のリサーチや農場見学のおみやげに、きのことホースラディッシュの葉（ピクルスの歯ごたえを良くしてくれます）とプラムを山ほどくれました。とてもおいしかったのですが賞味期限が迫っていて、つまりはピクルスや保存食作りに最適。それで作ったのがこのピクルスです。スライスしてサラダに入れれば満足感たっぷりの一品になりますし、チーズ・プレートに添えても良いでしょう。またバーベキューパーティーにびんごと持って行けば、人気者になれること間違いなしです。

ローズマリー風味のプラムのピクルス

材料（750ml容器1つ分）
赤いプラム…250g
シナモンスティック…1/2本
ローズマリー…2本
りんご酢…500ml
グラニュー糖…220g
海の塩…大さじ1/2

1. プラムをよく洗い、清潔なびんかプラスチック容器に入れる。
2. シナモンとローズマリーを加える。
3. 酢、グラニュー糖、塩を中くらいの鍋に入れて火にかけ、沸騰させる。
4. 熱いピクルス液をプラムの上から注ぎ入れ、室温に冷ましてからふたをして冷蔵庫に入れる。ピクルスは5日でできあがり。冷蔵庫で2か月保存できます。

カルダモン風味のプラムのピクルス

材料（750ml容器1つ分）
カルダモン（ホール）…10さや
グリーンゲージ（グリーンのプラム）
　　…250g
シナモンスティック…1/2本
八角…2個
りんご酢…500ml
グラニュー糖…220g
海の塩…大さじ1/2

1. カルダモンのさやから種を取り出し、さやは捨てる。
2. プラムをよく洗い、清潔なびんかプラスチック容器に入れる。
3. カルダモンの種、シナモン、八角を加える。
4. 中くらいの鍋に酢、グラニュー糖、塩を入れて火にかけ、沸騰させる。中火〜強火で加熱しながらかき混ぜ、グラニュー糖を完全に溶かす。
5. 熱いピクルス液をプラムとスパイスの上から注ぎ入れ、室温に冷ましてからふたをして冷蔵庫に入れる。ピクルスは5日でできあがり。冷蔵庫で2か月保存できます。

メキシコのユカタン半島で、タコスの店や屋台に必ずあるのがこのピクルス。作るのはいたって簡単で、タコスやサンドイッチ、ハンバーガー、ホットドッグ、それに生のシーフードによく合います。私の「チポトレ唐辛子と豚肉のタコス」（110ページ）のつけ合わせとしても欠かせません。

ユカタン風ピクルス

材料（300㎖容器2つ分）
赤玉ねぎ…2個（薄切りにしておく）
海の塩…小さじ2
赤ワインヴィネガー…375㎖
粒黒コショウ…小さじ1
にんにく…1かけ（皮をむいてつぶす）
オレガノ（ドライ）…小さじ2

1. 玉ねぎと塩をボウルで混ぜ合わせ、ときおりかき混ぜながら30分なじませる。次第に玉ねぎから水気が出て全体がピンク色になり始める。
2. ヴィネガー、コショウ、にんにく、オレガノを加え、全体をよく混ぜる。
3. 清潔なびんに入れ、ふたをして3時間冷やしたらできあがり。ピクルスは冷蔵庫で1週間保存できます。

手早く楽しく作れる即席ピクルスで、おいしくて見た目もきれいなので、急に決まったディナーパーティーで友達に出せば大喜びされるはず。一品として出しても、ステーキやサラダ、タコスに添えても良いでしょう。

即席パーティー・ピクルス

材料（750mℓ容器1つ分）
米酢…250mℓ
りんご酢…250mℓ
グラニュー糖…220g
海の塩…小さじ1
ひきたての黒コショウ…小さじ1
マスタードシード（イエロー）
　　…小さじ1
ラディッシュ…2束
　（約20個、洗っておく）
にんじん…小6本（洗っておく）
コリアンダー…大きめの1束
　（みじん切り）
唐辛子…1つかみ（5個前後）

1. 酢、グラニュー糖、塩、水250mℓを大鍋に入れて、沸騰させる。中火〜強火でかき混ぜ続け、グラニュー糖を完全に溶かす。コショウとマスタードシードを加え、火からおろして室温になるまで冷ます。
2. ラディッシュとにんじんをスライサーで極薄切りにする（よく切れる包丁でできるだけ薄く切っても良い）。
3. ラディッシュとにんじん、コリアンダーをボウルに入れて軽く混ぜ、清潔なびんに入れる。
4. 唐辛子を、ラディッシュやにんじんと同じくらいの薄さの輪切りにし、びんに加える。
5. 冷めたピクルス液を上から注ぎ入れ、ふたをして冷蔵庫に入れる。ピクルスは数時間でできあがり。冷蔵庫で1週間保存できます。

ローズウォーターとオレンジブロッサム・ウォーターはうっとりするような香りで、ごくシンプルな食材のおいしさを最大限に引き出してくれます。ほんの少しだけ加えるのがポイント。入れすぎるとせっけんみたいな味になってしまいます。

オレンジブロッサム風味の
にんじんのピクルス

材料（500㎖容器1つ分）
米酢…120㎖
りんご酢…120㎖
グラニュー糖…100g
海の塩…小さじ1
オレンジブロッサム・ウォーター
　…数滴
にんじん…小6本（洗って皮をむき、
　縦に半分に切る）

1. 大きい鍋に酢、グラニュー糖、塩、水120㎖を入れて混ぜ、沸騰させる。中火〜強火で熱しながらかき混ぜ、グラニュー糖を完全に溶かしたら、オレンジブロッサム・ウォーターを加える。
2. にんじんを清潔なびんに入れ、熱いピクルス液を加える。
3. ふたをして、室温になるまで冷まし、冷蔵庫に入れる。ピクルスは3日でできあがり。冷蔵庫で1週間保存できます。

バラ風味のラディッシュのピクルスの作り方：上記のレシピのにんじんをラディッシュ1束に、オレンジブロッサム・ウォーターをローズウォーターに置き換え、ほかの材料は同じ分量で用意すれば、同じ作り方で作れます。

8年前にロンドンに引っ越してきたころ、日曜の午後は（実を言うと金曜と土曜の夜も）、よく東ロンドンのパブで、小えびのフライやポーク・スクラッチング（豚皮の揚げ物）、ソルト・アンド・ヴィネガー味のポテトチップスをおつまみに、ビールを飲んで過ごしました。それからある男友達に開眼させられて、卵のピクルスの世界を発見しました。その友達によれば、ポテトチップスの袋に卵を入れて、よくシェイクし、ビールと一緒に食べるのが正しい食べ方とのこと。それをちょっとおしゃれにしたのがこのレシピ。通常のピクルス液にチポトレ唐辛子（メキシコ料理で使われる燻製唐辛子）を入れて、ポテトチップスの代わりにトルティーヤ・チップスを使い、メキシコ料理とイギリス料理のフュージョンとも言えるスナックを作りました。キンキンに冷えたビールと、またはミッシー・フリンのテパチェ（134ページ）と一緒にお友達にすすめてみてください。

チポトレ唐辛子入り卵のピクルス

材料（卵10個分）
卵…10個
りんご酢…500㎖
にんにく…2かけ（皮をむく）
玉ねぎ…1個（四半分に切る）
海の塩…大さじ1
グラニュー糖…大さじ2
チポトレ唐辛子（アドボソース漬け、缶詰になっているもの）…5個
チポトレ唐辛子（乾燥）…2個
（細かくする）

1. 中くらいの鍋に卵と水を入れて、沸騰させる。弱火～中火で7分間ゆで、湯を捨てる。氷水をいっぱいに入れたボウルで冷やす。
2. ゆで卵の皮を水の中でむき（白身がきれいにむける）、清潔なびんに入れる。
3. 酢、にんにく、玉ねぎ、塩、グラニュー糖、アドボソース漬けのチポトレ唐辛子、乾燥チポトレ唐辛子、水500㎖を鍋に入れ、中火～強火で約30分、玉ねぎが透き通るまで煮る。
4. ピクルス液を火からおろし、すぐにゆで卵のびんに注ぎ入れ、ゆで卵全体が浸るようにする。ふたをして室温になるまで冷まし、冷蔵庫に入れて3日でできあがり。卵のピクルスは1週間保存できます。お好みのポテトチップスと一緒にどうぞ。

アジア各国でさまざまなバリエーションで見られる甘酢漬け。タイでは「アジャード」、マレーシアやインドネシアでは「アチャール」、そしてオランダでは「アジャール」と呼ばれています。インドネシアはオランダの植民地だったことから、インドネシア料理はオランダ人の食の大きな部分を占めています。オランダではインドネシア料理店がそこら中にあり、私も子どものころからインドネシア料理に親しんで育ちました。私のレストラン業界での最初の経験も、マーストリヒトの小さなインドネシア料理店でウエイトレスとして働いたことでした。ときにスパイシーでバラエティー豊かな小皿料理を、白ごはんと漬物、それにさまざまなサンバル（唐辛子ソース）とともに味わうインドネシア料理が私は大好きで、エキゾチックで魅力的な料理のとりこになりました。

アジャール

材料（1ℓ容器1つ分）
コリアンダーシード…小さじ1
　（煎って細かくひく）
ごま油…大さじ2
にんにく…3かけ（皮をむいて
　みじん切りにしておく）
しょうが…親指大（おろす）
ターメリック…小さじ2
サンバル・オレック（エスニック食材
　店で購入可能）…大さじ1
グラニュー糖…50g
海の塩…大さじ1と1/2
りんご酢…375㎖
キャベツ…中1個（洗っておく）
にんじん…中1本（洗って皮をむく）
カリフラワー…中1/2個
　（洗っておく）
生の唐辛子…4個（種を取り除いて
　みじん切りにする）

1. 小鍋にごま油を熱し、コリアンダーシード、にんにく、しょうがを入れる。中火〜強火で、香りが立ち金色に色付くまで5分炒める。
2. ターメリックとサンバル・オレックを加え、香りが立つまで3分炒める。グラニュー糖、塩、水375㎖、酢を加え、中火〜強火で、グラニュー糖が完全に溶けるまで熱する。さらに弱火で5〜10分熱し、その間にキャベツとにんじんを切る。
3. キャベツとにんじんを極細切りにする（あればスライサーを使う）。カリフラワーを切って小房に分ける。
4. 2の鍋に野菜全てと唐辛子を入れ、5分加熱する。
5. 野菜を細かい網目のざるに取り、スパイスを取り除き、ピクルス液は別に取っておく。野菜を清潔なびんに入れて、ピクルス液を注ぐ。ふたをして、室温になるまで冷ます。冷めればできあがりですが、長くおくほどおいしくなります。冷蔵庫に入れれば1か月保存できます。

初めてこのイタリア風ピクルスを食べたのは 5 年前、ニューヨークのレストラン「パーム」で、1 人で極上のランチを楽しんだときのことでした。パームはイタリア料理とアメリカ料理のダイナー（北アメリカ風簡易食堂）で、やはりニューヨークにあってもう少しフォーマルなレストラン「カルボーネ」の姉妹店です。パームがオープンしたとき、ミートボールとターキーのサンドイッチに誰もが夢中になったものでした。そして私がノックアウトされたのが、「ジャルディニエーラ」（イタリア語で「ピクルス」の意）。おいしいワインとともに、チーズや塩漬け肉に添えれば最高のアンティパスト（前菜）になります。また、フードプロセッサーにかけてサルサに、あるいはサンドイッチやホットドッグ、ピザの具にするのもおすすめです。

イタリア風ピクルス

材料（2ℓ容器1つ分）
海の塩…200g
パプリカ（赤、黄）…各1個
ズッキーニ…1本
なす…1/2本
マッシュルーム…100g
赤玉ねぎ…1個
にんにく…4かけ
　（皮をむいて薄切り）
オリーブオイル…60mℓ
ローズマリー…2本
ベイリーフ…2枚
ジュニパーベリー…2個
クローブ…4個
粒黒コショウ…小さじ1
グラニュー糖…大さじ1
白ワインヴィネガー…750mℓ

1. 大きなたらいかボウルに水 2ℓ を入れ、塩を加えて溶かす。
2. パプリカ、ズッキーニ、なす、マッシュルーム、玉ねぎを洗い、好きな形に切り、塩水に入れる。私は一部をクリンクル・カット（波型カット）にするのが好きです。
3. 清潔な皿などの重しを上から載せて、全ての野菜が塩水に浸るようにする。室温で一晩おく。
4. 翌日、野菜をざるにあげ、冷水ですすぐ。ふきんの上に置き、1〜2時間乾かす。
5. 野菜を清潔なびんに入れ、にんにく、オリーブオイル、ローズマリー、ベイリーフ、ジュニパーベリー、クローブ、コショウ、グラニュー糖を加える。
6. ヴィネガーを入れ、野菜を押し込んで沈める。密閉して冷暗所に保管する。1〜2週間でできあがり。冷蔵庫で1か月保存できます。

「ツケモノ（漬物）」と呼ばれる日本のピクルスは、日本人の食事に欠かせない存在で、食生活の重要な要素です。きゅうりの浅漬けから、たっぷりの塩で作る梅干しや、みりん、酒、みそやしょうゆを使った漬物まで、さまざまな種類があります。このレシピは、なすときゅうり、赤しそ、梅酢、みょうがで作る京都名物のしば漬けをヒントにしています。私のレシピは気軽に作れる簡単バージョン。白ごはんと一緒に食べても、キンキンに冷えたビールのおつまみにしてもおいしいです。

キョート・ピクルス

材料（500ml容器1つ分）
長なす…3本
きゅうり…1本
赤しその葉…1つかみ
　（40枚くらい）
海の塩…大さじ2と1/2
しょうが…親指大
　（極細の千切りにする）

1. 野菜としその葉をよく洗う。
2. ボウルの中に置いたざるに、しその葉を入れ、塩大さじ1/2を加える。手でしその葉に塩をよくもみ込む。30分間おき、水分を絞って絞り汁はボウルの中にとっておく。
3. なすときゅうりを5mm幅に縦長に切る。切ったなすはボウルに張った冷水の中に入れ、茶色くならないようにする。
4. なす、きゅうり、しょうがをボウルに入れ、残りの塩を振りかけ、30分間おく。
5. そこにしその葉と絞り汁を入れて、全てを清潔なびんに移す。上から重しをして、しっかりと密閉する。野菜が全て漬け汁に浸っていない場合、水を加える。
6. 冷蔵庫に入れて1週間おく。野菜が水分を吸うので、ときおりチェックしてかき混ぜ、必要なら水を足すこと。できあがりから2週間、冷蔵庫で保存できます。

うまみたっぷりの風味豊かな日本風漬物。白みそを使うとマイルドな味わいになります。肉や魚のみそ漬けや、みそを使ったマリネなど、みそはさまざまな料理におすすめ。

なすの赤みそ漬け

材料（500ml容器1つ分）
ごま…大さじ1
赤みそ…250ml
みりん…60ml
グラニュー糖…大さじ1
しょうゆ…大さじ1
なす…小10個（厚さ5mmの
　輪切りか角切りにする）

1. ごま、みそ、みりん、グラニュー糖、しょうゆを大きなボウルに入れる。
2. なすを1に入れ、全体になじませる。
3. 清潔なびんまたはプラスチック容器に入れ、ふたをして、ときおりかき混ぜながら、冷蔵庫で1週間おく。
4. 食べるときに、なすを取り出して冷水で洗う。冷蔵庫で1か月保存できます。

写真（左上から時計回り）：からし菜漬け（53ページ）、なすの赤みそ漬け（左記）、即席赤しそ酢漬け（52ページ）、大根キムチ（66ページ）、F.A.T風キムチ辛味ソース（74ページ）、キョート・ピクルス（上記）。

即席漬けはその名の通り、ごく短時間でできます。ディナーの準備を計画的に進めたり、何日も何週間もかけてピクルスを作ったりするのは苦手という人でもOK。1時間もかからずにできてしまいます。このレシピはきゅうり、ラディッシュ、玉ねぎなど水分量の多い野菜で作るのがコツ。野菜の切り方が薄ければ薄いほど、早く漬かります。

即席赤しそ酢漬け

材料（300ml容器2つ分）
きゅうり…1本
海の塩…大さじ1
赤しそ酢（55ページ）…125ml
グラニュー糖…50g

1. きゅうりを極薄切りにする。向こうが透けて見えるくらいが目安。スライサーか、なければ包丁やピーラーを使う。
2. きゅうりをボウルに入れ、塩を加えて手でもみ込む。10分間おく。
3. 鍋に水125ml、赤しそ酢、グラニュー糖を入れ、中火〜強火でグラニュー糖が溶けるまで加熱する。
4. ピクルス液をきゅうりの上から注ぎ入れ、10分おけばできあがり。冷蔵庫で1週間保存できます。

私が中華街に2年間住んでいたころ、よくアジア食材店の店内を物色して回り、バラエティー豊かに並ぶ真空パックの漬物に夢中になりました。いつも数種類買って帰っては食べてみました。とても安いので、どれも試食してみる価値があるのです。私がとりわけ気に入ったのが、からし菜漬け。しょっぱくて、酸っぱくて、甘くて、歯ごたえがある、そんな漬物の自家製バージョンがこのレシピです。私は冷蔵庫に常備しておいて、ダンダン麺（100ページ）に使います。

からし菜漬け

材料（500mℓ容器1つ分）
からし菜…400g
　（根を取り、葉を洗う）
海の塩…大さじ2
グラニュー糖…55g
白ワインヴィネガー…125mℓ
花椒…大さじ1
唐辛子…1個

1. 大鍋に強火で湯を沸かす。
2. からし菜を湯に入れ、鮮やかな緑色になるまで約10秒間ゆで、ざるにあげて氷水に入れる。
3. 水気を絞り、ボウルに入れておく。
4. 鍋に塩、グラニュー糖、ヴィネガーを入れて、中火〜強火でかき混ぜながら熱し、グラニュー糖を完全に溶かす。花椒を加える。
5. からし菜と唐辛子を清潔なびんに入れ、漬け汁を注ぎ入れ、全体が浸るようにする。完全に冷めてから冷蔵庫に入れ、2日おけばできあがり。冷蔵庫で2週間保存できます。

ハーブ風味のヴィネガーを作るのは本当に簡単で、ここで紹介する2つはとりわけ私が気に入っているレシピです。野菜の漬け汁として使えるほか（52ページの即席赤しそ酢漬けなど）、サラダのドレッシングにしても個性的な風味が楽しめます。

エルダーフラワー・ヴィネガー

材料（500ml容器1つ分）
エルダーフラワーの花…15個
白ワインヴィネガー…500ml

1. エルダーフラワーが摘みたてなら、小さい虫が付いているかもしれないので、丁寧に払う。
2. 花を茎から摘み、清潔なびんに入れ、ヴィネガーを注ぎ入れる。ふたをして冷蔵庫に入れる。
3. 2週間経ったらヴィネガーを細かい網目のざるかモスリンの布で濾し、清潔なびんに入れ、冷暗所で保存する。花は取り除く。2か月保存できます。

赤しそ酢

材料（500ml容器1つ分）
赤しそ…多めの1つかみ
米酢…500ml

1. しその葉を洗い、ざく切りにする。
2. 清潔なびんに入れて、米酢を加える。ふたをして冷蔵庫に入れる。
3. 3日後、細かい網目のざるかモスリンの布で濾し、清潔なびんに入れ、冷暗所で保存する。しその葉は取り除く。2か月保存できます。

FERMENTATIONS

かつて私は発酵食品作りを敬遠していました。作り方が難しそうだし、高価な器具をそろえなくてはならないと思っていたのです。

でも、実際には全然そんなことはありません。

基本的に、材料をびんに入れ、塩と水を加えてぎゅっと空気を押し出せば、はい、自家製ザワークラウトやキムチのできあがり。体に良い発酵食品を食べていれば、いつも元気いっぱいでいられます。

「コーシャー・ディル・ピクルス」とも呼ばれ、ニューヨークのユダヤ系のピクルス専門店で、昔ながらの製法で作られています。伝統的なユダヤ料理のデリでも、「カッツ」「マイルエンド」「ラス＆ドーターズ」のようなニューウェイヴの店でも売られているピクルスです。酢の中で発酵させるのではなく、塩のピクルス液によって自然発酵させて酸味を出す手法を用います。完全に発酵させた「フルサワー」のピクルスと、まだ歯ごたえがあって明るい緑色をしている「ハーフサワー」のピクルスがあって、後者は名前が示す通り、酸味が半分しかありません。私はハーフサワーが好きですが、フルサワーにしたかったら長く漬けて発酵させれば良いのです。フルサワーになるとピクルス液は濁り、ピクルスの緑色は暗い色になります。

ニューヨーク風デリ・ピクルス

材料（1ℓ容器1つ分）
きゅうり…5本
コーシャーソルトまたは海の塩
　…大さじ3
生のディル…4〜5本
にんにく…4かけ
　（皮をむいてつぶしておく）
粒黒コショウ…大さじ1
コリアンダーシード…大さじ1

1. きゅうりを洗い、氷水に1時間浸す。
2. 水1ℓに塩を加え、塩が完全に溶けるまで混ぜる。
3. できるだけたくさんのきゅうりを清潔なびんに詰め込み、ディル、にんにく、コショウ、コリアンダーシードを上から加える。
4. 塩水を注ぎ入れ、きゅうり全体がピクルス液に浸るようにする。必要なら、清潔な皿を上から載せて重しにする。びんのふたをして、1〜7日間おいて発酵させる。
5. 毎日ピクルス液を味見し、好みの味になったらできあがり。冷蔵庫に入れてください。発酵が進めば進むほど、酸っぱい味になります。3日間発酵させたころが私の好みの味。冷蔵庫で1か月保存できます。

歯ごたえと酸味が魅力のザワークラウトは、乳酸菌発酵と良いバクテリアの働きによって、キャベツと塩だけで作られた健康食品。消化や免疫システムなどを助けるだけではなく、ビタミンやミネラルも豊富です。このレシピのためにザワークラウト用漬物樽を買っても良いのですが、手近にある器具で十分。初心者であまり費用をかけたくないという人ならなおさらのこと、手元にあるもので工夫しましょう。このザワークラウトは、ウマミ・ケチャップ（77ページ）やマスタードシードのピクルス（85ページ）をトッピングしたホットドッグの具としてもぴったりです。

正統派ザワークラウト

材料（1ℓ容器1つ分）
キャベツ…1kg
海の塩…大さじ1と1/4
キャラウェーシード…小さじ1

1. キャベツの外側の葉は、あとでびんの中にザワークラウトを押し込むのに使うので別にとっておく。キャベツをスライサー（またはよく切れる包丁）で細切りにし、ボウルの中でほぐす。

2. 塩を加え、手で15分間もむ。キャベツから出た水分で塩水ができるので、キャベツ全体が浸るくらいの塩水が出れば、もむ作業は完了。

3. キャベツがしんなりして、水分が出たら、キャラウェーシードを入れて混ぜ、殺菌したびんに移す。びんの半分まで入れたら、両手でぎゅっと押し込んで気泡を取り除く。それから残りのキャベツを入れるが、びんの口から高さ2～3cmのゆとりを残しておく。ここで、キャベツが水分にしっかり浸るようにする。取っておいたキャベツの外側の葉を上に載せてザワークラウトを沈め、ぎゅっと押し込んで気泡を取り除き、水を入れたジップロックの袋を重しとして載せ、ザワークラウトがびんの中に隙間なく入っているようにして、ふたをする。

4. 室温で（直射日光は避けて）2週間おく。2～3日ごとに味見して、好みの味になったらできあがり。風味が足りないと思ったら、室温のままもう少しだけおく。できあがったら小さな器に移して冷蔵庫に入れる。冷蔵庫で6か月保存できます。

ザワークラウトのバリエーションレシピ

ザワークラウトのアレンジをご紹介します。ここで紹介したレシピに限らず、自由にお好きなものを加えて試してみてください!

しょうがとレモン風味のザワークラウト
キャベツを塩もみした後、おろしたにんじん1本分、おろししょうが3cm分、黒ごま大さじ1、レモン汁1/2個分を加えます。

ハラペーニョ風味のザワークラウト
赤キャベツを使い、塩もみした後、薄切りにしたハラペーニョ唐辛子2個分を加えます。

KRAUT TIPS
― ザワークラウトのコツ ―

1. キャベツ全体が浸るのに十分な水分が出ていない場合、濃度2%の塩水を作ります。水1ℓに塩大さじ1を溶かし、ザワークラウトが浸るのに必要なだけ加えます。
2. カビやぬるぬるした部分ができてきたら、その部分だけを取り除きます。ザワークラウトは乳酸で守られているので品質に問題はありません。
3. ザワークラウトは発酵の過程で気体が発生し、びんからあふれ出ることがあるので、容器の下に小皿を敷いておきましょう。

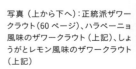

写真(上から下へ):正統派ザワークラウト(60ページ)、ハラペーニョ風味のザワークラウト(上記)、しょうがとレモン風味のザワークラウト(上記)

KIMCHI

生まれて初めてキムチを食べたときのことは忘れられません。ソウル経由のフライトでシドニーに行ったとき、機内食のビビンバに添えてキムチが出てきました。それは甘くてしょっぱくて酸っぱくてピリッと辛くて、それまで食べたことのあるどんなものにも似ていない味で、私は心底驚きました。そこで自分でもキムチをいろいろと作ってみることにしたのです。レシピ本『Momofuku』を見て、まずはポピュラーな白菜のキムチのレシピからインスピレーションを得ました。

「キムチって何?」と聞かれたら、私は「韓国版ザワークラウト」と答えます。野菜を発酵させた食品で、とりわけポピュラーなのが白菜のキムチです。そして、キムチは芽キャベツ、ラディッシュ、ケール、梨など、さまざまな食材で作れます。旬の食材を選び、好きな組み合わせを見つけるまで、いろいろ試してみてください。

キムチはびんから直接食べてもいいですし、つけ合わせとしても、また料理の材料としても使えます。本書で紹介する、F.A.T 風キムチ辛味ソース(74 ページ)、キムチバター(82 ページ)、キムチオランデーズ(79 ページ)、キムチとスティルトン・チーズのグリルサンドイッチ(121 ページ)などが作れます。

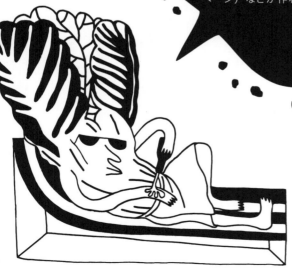

写真(上から下へ):F.A.T 風ごまキムチ(71 ページ)、大根キムチ(66 ページ)、白菜のキムチ(68 ページ)、ケールのキムチ(69 ページ)

大根キムチ

材料（500ml容器1つ分）
大根…小1本（1cm角に切る）
※イギリスの大根は短く細いので、日本の大根を使う場合は小さめの大根か、普通の大根1/4本分くらいで作るとちょうど良い。
海の塩…大さじ1と2/3
グラニュー糖…大さじ2
にんにく…2かけ
　（皮をむいてつぶしておく）
しょうが…親指大（おろす）
韓国粉唐辛子（コチュカル）
　…大さじ3と1/2
魚醤…大さじ2

1. 大根を大きなボウルに入れ、塩大さじ1、グラニュー糖大さじ1を加え、全体をよく混ぜる。ボウルに重ねたざるの中に移し、20分間おく。
2. 余分な水分を手で絞り、出てきた水分はとっておく。
3. 別のボウルに、残りの材料を全て入れて、大根から出た水分のうち大さじ2を加え、泡立て器でよく混ぜる。大根を入れ、漬け汁を全体によくからめる。
4. 清潔なびんかプラスチック容器に大根を入れ、ぎゅっと押し込む。ふたをして冷蔵庫に入れ、4日間でできあがり。

これは伝統的かつシンプルなキムチのレシピです。冷やして食べるとかりっとした歯ごたえが引き立ちます。

もっともポピュラーなキムチといえば、白菜のキムチです。伝統的なレシピではとろみを出すために小麦粉を使いますが、私は米粉を使っています。

白菜のキムチ

材料（できあがり量1.5kg）
白菜…1.2〜1.4kg
海の塩…130g
米粉…45g
グラニュー糖…50g
にんじん…1本（おろす）
大根…小1/2本
細ねぎ…10本（荒く刻む）
しょうが…大きめの親指大
　（皮をむいておろす）
玉ねぎ…中1個（荒く刻む）
にんにく…10かけ（皮をむく）
韓国粉唐辛子（コチュカル）
　…150g
魚醤…70mℓ

1. 白菜はよく洗って水気を切り、傷んだ外側の葉は捨て、四半分に切る。芯は捨てる。
2. 大きなプラスチック容器に水5ℓを入れ、塩を加える。塩が溶けるまで混ぜたら白菜を加え、ふたをして、室温で一晩おく。
3. 水750mℓ、米粉、グラニュー糖を大鍋に入れ、火にかけて沸騰させる。弱火にして数分間、ときおり混ぜながら加熱する。とろみがついたら火からおろし、完全に冷ます。
4. 白菜の水気を切り、幅2cmに切る。にんじんと大根とともにボウルに入れておく。
5. フードプロセッサーで、しょうが、玉ねぎ、にんにく、唐辛子、魚醤を合わせて砕く。大きなボウルに移して3を混ぜ込む。
6. 使い捨てゴム手袋を着け、白菜と細ねぎを5に合わせ、手でよくもみ込む。
7. キムチを清潔なプラスチック容器に入れ、室温で24時間おく。キムチは4〜5日でできあがりますが、とくにおいしくなるのが2週間後。それ以降も、ほかのキムチと同様、日数が経つほど味が良くなります。1か月間保存できます。

ケールのキムチ

材料（できあがり量600g）
海の塩…小さじ2
ケール…大きめの1束（500gくらい。茎を取り除き、1cm幅に切る）
にんじん…1本（おろす）
りんご…1個（おろす）
細ねぎ…2本（みじん切り）
米粉…50g
グラニュー糖…25g
しょうが…2cm（皮をむいておろす）
にんにく…4かけ
　（皮をむいてつぶす）
韓国粉唐辛子（コチュカル）
　…大さじ1と1/2
魚醤…20ml

1. 塩と水250mlを大きなボウルかプラスチック容器に入れ、塩が溶けるまで混ぜる。
2. ケールを塩水に入れてよく混ぜる。ふたをして室温で一晩おく。
3. ケールの水気を切り、にんじん、りんご、細ねぎを加える。
4. 中くらいの鍋に水125ml、米粉、グラニュー糖を入れて火にかけ、沸騰させる。弱火にして、ときおりかき混ぜながら数分間加熱し、とろみをつける。火からおろして完全に冷ます。
5. 大きなボウルにしょうが、にんにく、唐辛子、魚醤を合わせてから、4を混ぜ込む。
6. 使い捨ての手袋をする。ケールを加え、手を使ってよく混ぜる。
7. キムチを清潔なプラスチック容器に入れ、ふたをして、24時間室温に置く。キムチは3〜4日でできあがり。1週間保存できます。

パワーフードのケールを発酵させたキムチは、キムチ界の女王みたいな存在です！

通常、キムチの発酵をスタートさせるために加えるのが、えびの塩辛や魚醤などの魚介類。このキムチは、私がF.A.Tの仲間とともに、イベントや期間限定店舗で人気商品になったキムチ・ケサチラーダの材料として開発したオリジナル版です。F.A.Tではベジタリアン向けメニューが野菜のピクルスくらいしかなかったことから、魚介類を入れず、ごま油とごま、しょうゆを代わりに使ってみました。結果は大成功で、さらにうまみのあるキムチができあがりました。

F.A.T風ごまキムチ

材料（できあがり量1.5kg）
白菜…1.2〜1.4kg
海の塩…大さじ2
グラニュー糖…100gと大さじ2
韓国粉唐辛子（コチュカル）
　…大さじ3と1/2
にんにく…3かけ（皮をむき、つぶすかみじん切りにしておく）
しょうが…親指大（皮をむいておろす）
しょうゆ…60mℓ
ごま油…50mℓ
細ねぎ…5本（みじん切り）
ごま…大さじ3

1. 白菜はよく洗って水気を切り、傷んだ外側の葉は捨てる。
2. 縦に半分に切り、それからまた縦に4つに切る。さらに、横向きに厚さ1cmに切る。
3. 白菜を大きなプラスチック容器に入れ、塩と、グラニュー糖のうち大さじ2を入れる。よく混ぜて、容器にふたをし、冷蔵庫で24時間冷やす。
4. 白菜を冷蔵庫から出す。（できれば1時間前に出しておくと、作業するときに手が冷えて苦労するのを避けられる。）白菜を1つかみ分取り、水分をできるだけ絞る。
5. 別のボウルかプラスチック容器に、唐辛子、残りのグラニュー糖、にんにく、しょうがを入れて、よく混ぜる。とろみが強すぎる場合は水を加える。さらにしょうゆとごま油を入れて混ぜる。
6. 手ににんにくのにおいが付くのを防ぎたい場合は、使い捨ての手袋を着ける。白菜、細ねぎ、ごまを5に加え、手でしっかりと混ぜ合わせ、白菜に唐辛子のペーストをもみ込むようにする。
7. 白菜をプラスチック容器に戻し、ふたをして冷蔵庫に入れる。キムチは1週間以内には食べ頃になり、2週間以降はさらにおいしくなります。その後も、発酵が進んで味に面白味が出ていきます。1か月間保存できます。

SAUCES

「オランダでは、フライドポテトにケチャップの代わりに何を付けるか知ってるかい？」
「何？」
「マヨネーズだよ」
「マヨネーズ？」
「オランダ人がそうしているのをこの目で見たんだよ。そりゃあどっぷり浸して食べるのさ」
——ヴィンセント・ヴェガとジュール・ウィンフィールドの会話、映画「パルプ・フィクション」より

オランダ人の私が認めます。はい、私は何にでもソースをたっぷり付けて食べます。友達に「オランダ人は、ソースをできる限り大量に消費するための手段として、フライドポテトを食べているみたい」と言われたことがあるくらいです。それが何か？

シラチャーやLA風メキシカンのタパティオなど、私の大好きなチリソースからヒントを得たキムチ辛味ソースは、F.A.T風ごまキムチ（71ページ）を、唐辛子を焦がしてスモーキーな味わいを加えたチリソースに合わせて作ります。準備に気が遠くなるような時間がかかり、発酵にも気が遠くなるような時間がかかるので、かなりの忍耐が必要。でも一度作ったら、何にでもこのソースを付けて食べたくなるでしょう。そして切らしたら、いても立ってもいられなくなるはずです。私の納品先であるすてきなショップ、「ハリンゲイ・ローカル・ストア」を経営するエボニー・ハーディングは、「辛味ソースを切らしたときには、スコッチエッグを食べる気には絶対なれない！」と言うほど。スクランブルエッグ、豚まん、タコス、フライドチキン、ピザなど、何にでも試してみて。

F.A.T風キムチ辛味ソース

材料（250ml容器2つ分）
F.A.T風ごまキムチ（71ページ）
　…250g

レッド辛味ソース用
赤唐辛子…500g（私は赤のハラペーニョ、ハバネロ、それに手に入る赤唐辛子を混ぜて使います）
玉ねぎ…2個（皮をむく）
にんにく…2かけ（皮をむく）
植物油…小さじ2
海の塩…小さじ1と
　好みで追加する分
米酢…500ml
はちみつ…125ml

レッド辛味ソース
1. オーブンを180℃に予熱する。
2. 使い捨て手袋を着け、唐辛子をよく洗い、へたの部分を取る。唐辛子の辛み成分が目（やそのほかの体の部分）に付くと痛い思いをするので注意すること。
3. 唐辛子の半量を、玉ねぎ1個とにんにく1かけと一緒にロースト用のトレイに入れる。唐辛子が焦げるまで、オーブンで40分間ローストする。
4. 同時に、残りの唐辛子と玉ねぎ、にんにくをざく切りにし、底の厚い鍋にオイルを敷いて、塩を加えて5分間中火～強火で炒める。水750mlを注ぎ、さらに60分間、唐辛子が柔らかくなるまで煮たら、火からおろして冷ます。
5. 唐辛子、玉ねぎ、にんにくをオーブンから出し、室温に冷ます。
6. 4と5を合わせてフードプロセッサーにかけ、少しずつ酢とはちみつを加えてなめらかにする。
7. 清潔なプラスチック容器に入れ、ふたをして冷蔵庫に入れる。完全に冷えたら味見をして、必要なら塩とはちみつをさらに足す。2週間冷蔵庫で寝かせる。

キムチ辛味ソース
1. キムチとレッド辛味ソースの双方は、最低2週間寝かせる。できあがったらキムチをフードプロセッサーでピューレ状にする。
2. 大きなボウルで、キムチのピューレとレッド辛味ソースをよく混ぜ合わせる。
3. ソースを殺菌したびんに入れて、冷蔵庫で2週間保存できます。

キムチ辛味ソースはさらに発酵し続けるので、発酵を最小限にするために、冷蔵庫に入れてください。

誰もが知っていて、愛されているのが、ハインツのトマトケチャップ。でも、実はケチャップはアジア生まれで、「ケチアプ」などと呼ばれ、もとは発酵した魚のソースでした。このソースがオランダ商人の手でヨーロッパに渡り、これをもとにマッシュルームケチャップなどのさまざまな調味料が作られるようになり、やがてトマトケチャップが生まれました。第五の味覚と呼ばれる「ウマミ」がお好きなら、ぜひこのレシピを試してみてください。アンチョビ、マッシュルーム乾燥パウダー、しょうゆを使い、すでにウマミが豊富なトマトにさらに濃厚なパワーを加えました。

ウマミ・ケチャップ

材料（300㎖容器4つ分）
オリーブオイル…大さじ3
玉ねぎ…1個（刻む）
トマト缶…800g
トマトピューレ…大さじ1と1/2
りんご酢…125㎖
黒砂糖…90g
海の塩…小さじ1
唐辛子（フレーク）…1つまみ
油漬けのアンチョビ…3切れ
　（油を切っておく）
しょうゆ…小さじ2
マッシュルーム乾燥パウダー
　…大さじ2
オイスターソース…小さじ1
ウスターソース…小さじ2
海の塩とひきたての黒コショウ
　…適量

1. 大きな鍋にオリーブオイルを熱し、玉ねぎを加える。弱火で20分間、柔らかくなるまで炒める。
2. フードプロセッサーでトマト缶のトマトをピューレ状にする。玉ねぎの入った鍋に加え、弱火でさらに15分間煮る。
3. トマトピューレ、酢、砂糖、塩、唐辛子を加え、弱火でさらに1時間煮る。
4. アンチョビ、しょうゆ、マッシュルーム乾燥パウダー、オイスターソース、ウスターソースを加えたら、鍋を火からおろし、完全に冷ます。フードプロセッサーでケチャップを最大限なめらかにする。味見をして必要なら塩コショウを加える。
5. 殺菌したびんに入れてふたをしてから冷まして、冷蔵庫に入れる。冷蔵庫で2週間まで保存できます。冷えればすぐに食べられますが、数日経つと風味が増し、4〜5日経ったころが一番おいしいです。

このレシピのヒントは、世界中のアジア食材店で手に入る中国のラー油「ラオガンマー（年老いたゴッドマザーの意）」。おばあさんの絵が目印で、まさにラー油のゴッドマザーともいえる存在です。この驚くほどおいしい調味料は、原材料から作る自家製ならさらに美味になるだろうと想像し、旅行先で手に入れたメキシコの唐辛子を加えてみました。結果、最高の味になりました！ このラー油を、ごはんやラーメンなど、もう一味ほしいなと思えるアジア料理にひと振りしてみてください。私が頼りにしているソースで、家でシュウマイを食べるとき、黒酢にこれを加えて付けて食べるほか、ちょっと疲れたときなどに食べる大好きな一品、ダンダン麺（100 ページ）の味のベースとしても力を発揮します。

自家製ラー油

材料（300㎖容器4つ分）
クミンシード…大さじ2
花椒…175g
発酵黒豆…150g（荒く刻む）
にんにく…大さじ3（つぶす）
韓国粉唐辛子（コチュカル）
　　…100g
ひまわり油…500㎖
小玉ねぎ…4個（細かく刻む）
しょうが…親指大（おろす）
ごま油…250㎖
乾燥唐辛子（アルボル、ワヒーヨ、
　チポトレなどの赤唐辛子）
　　…100g
グラニュー糖…220g
海の塩…小さじ1

1. 鍋に油を敷かずに、クミンシードと花椒を入れて、香りが立つまで弱火で乾煎りする。火からおろして、すり鉢とすりこぎ、あるいはコーヒーかスパイスのグラインダーで細かくなるまでひく。
2. 発酵黒豆、にんにく、粉唐辛子、ひいたクミンと花椒を、温めた殺菌済みのびんにこの順番で入れる。
3. ひまわり油を鍋に入れ、中火〜強火で、小さな泡が静かに立つまで熱したら、小玉ねぎとしょうがを加え、きつね色になるまで加熱する。すぐに火からおろして（焦げないように注意する）、2のびんに注ぎ入れ、かき混ぜる。
4. 同じ鍋に、ごま油を加えて中火〜強火で熱し、乾燥唐辛子を加え10分間、柔らかくなるまで加熱する。
5. グラニュー糖と塩を加え、完全に溶けるまで混ぜる。火からおろし、少しだけ冷ます。
6. 作業できるくらいまで冷めたら、唐辛子をフードプロセッサーかブレンダーでペースト状にする。これをびんに加え、全体をざっと混ぜ、ふたをして完全に冷ます。ラー油は3〜4日でできあがり。6か月間保存できます。冷蔵庫に入れる必要はありません。

緊張せずに試してみたいのがこのレシピ。この本でここまで紹介したのは、いずれもシンプルで、基本的に失敗はありえないレシピでした。一方でオランデーズソースというと、拒否反応を示す人も多いでしょう。私自身、オランデーズソース作りには何度も失敗し、だまがあって分離したソースができてしまいました。もし一度失敗しても、ぜひ再挑戦してみてください。その価値があるおいしさです。これをエッグベネディクトに添えれば最高の朝ごはんになります。

キムチオランデーズ

材料(4人分)
F.A.T風ごまキムチ(71ページ)
　…大さじ1
卵黄…2個
海の塩…1つまみ
韓国粉唐辛子(コチュカル)
　…1つまみ
無塩バター…125g(溶かす)
レモン汁または白ワインヴィネガー
　(お好みで)

1. F.A.T風ごまキムチを、漬け汁大さじ1とともにフードプロセッサーに入れ、できるだけなめらかにする。ざるで濾してボウルに受け、なめらかでさらっとしたソースにする。
2. 卵黄を耐熱ボウルに入れる。鍋に静かに湯を沸騰させ、その上に卵黄入りのボウルをかざす。ボウルが湯に触れないようにする。
3. 卵黄に1と塩1つまみ、それに粉唐辛子を加え、泡立て器で混ぜる。
4. 弱火で、溶かしバターを少しずつ、泡立て器でかき混ぜながら加える。なめらかでとろみのあるソースになる。必要ならレモン汁か白ワインヴィネガーで薄める。分離し始めたら、氷を加えて泡立て器で手早くかき混ぜること。
5. 熱々をどうぞ。大成功することを願っています!

とろみのあるチーズ風味のおしゃれなドレッシングです。梨のピクルス（31 ページ）、フェンネルの甘味ピクルス（31 ページ）、バーボン風味のオクラのピクルス（32 ページ）、きゅうりとディルのピクルス（17 ページ）、オレンジブロッサム風味のにんじんのピクルス（43 ページ）、バラ風味のラディッシュ（43 ページ）などのピクルスによく合います。

スティルトン・ディップ

材料（できあがり量300mℓ）
バターミルク（低脂肪・無脂肪の牛乳で代用可）…200mℓ
スティルトン・チーズなどの青かびチーズ…100g（塊をほぐす）
サワークリーム…200mℓ
マヨネーズ…小さじ1
練りごま…小さじ1
バーボン風味のオクラのピクルス（32ページ）、ハラペーニョのピクルス（119ページ）などの好きなピクルス…大さじ4（みじん切り）
レモン汁…大さじ1
自家製シラチャーソース（86ページ）…適量
海の塩、ひきたての黒コショウ…適量
オリーブオイル…適量
チャイブ（ハーブの一種）…適量
ごま…適量

1. オリーブオイルとチャイブ、ごまを除く全ての材料をボウルに入れて、なめらかになるまで泡立て器で混ぜる。
2. 味見をして塩コショウをかける。
3. オリーブオイルを振りかけ、チャイブとごまをかける。

キムチバターは、厳密にはソースではありませんが、焼きとうもろこしやステーキに塗ったり、スクランブルエッグを作るときにふつうのバターの代わりに使ったりすると、とてもおいしいです。トーストした熱々のトルコ風パンに載せて、ピクルスとともに食べれば、ビールのおつまみに最高です。

キムチバター

材料（できあがり量100g）
F.A.T風ごまキムチ（71ページ）
　…大さじ4
バター…90g（室温に戻しておく）
白みそ…大さじ1/2

1. F.A.T風ごまキムチをフードプロセッサーにかけて、ピューレ状にする。
2. モスリンの布や濾し布に入れて、キムチの水分をできる限り絞り取る。
3. ふわふわになるまでバターを泡立て、みそとキムチも加えて空気を含ませるようにかき混ぜる。
4. プラスチック容器に入れるか、ラップに包んで丸太状に形を整える。
5. 冷蔵庫で1時間冷やせばできあがり。冷蔵庫で1週間、保存できます。

ホールスパイス（粒状）のピクルスは、料理に食感と風味を加えるのに便利です。ハムソーセージの盛り合わせやポークパイ、パストラミ（燻製肉）のサンドイッチのつけ合わせにぴったり。口の中でキャビアのようにぷちぷちと弾けます！

マスタードシードのピクルス

材料（300mℓ容器1つ分）
マスタードシード（イエロー）
　…大さじ7
りんご酢…250mℓ
グラニュー糖…大さじ4
海の塩…大さじ2

1. マスタードシードを、油を敷いていない中くらいの鍋に入れて、香りが立つまで乾煎りする。火からおろし、冷ましておく。
2. 酢、グラニュー糖、塩、水125mℓを鍋に合わせ、強火にかける。火を弱めてマスタードシードを加える。粒が水分を吸って膨らむまで、1時間弱火で煮る。途中、水分が蒸発しすぎたら、ひたひたになるまで水を加える。
3. 火からおろして室温に冷まし、清潔なびんかプラスチック容器に入れ、ふたをして冷蔵庫に入れる。マスタードシードのピクルスは3日でできあがり。冷蔵庫で1か月保存できます。

イタリアのジャムのような「モスタルダ・ディ・フルッタ」は、果物の砂糖漬けとマスタードエッセンスが材料。その私流のバージョンがこのレシピです。甘くてフルーティ、でもスパイシーなマスタードで、ソーセージ、ハムホック（豚のくず肉で作るハム）など、市販のマスタードを付けて食べるものなら何にでも合います。

プラム・マスタード

材料（300mℓ容器1つ分）
マスタードシードのピクルス（上記を参照）…大さじ4と1/2（濾しておく）
りんご酢…大さじ2
イングリッシュ・マスタードパウダー
　…小さじ3
グラニュー糖…50g
カルダモン風味のプラムのピクルス（36ページ）…5個（皮は残したまま）
海の塩…1つまみ

1. マスタードシードのピクルスと酢をフードプロセッサーにかけ、なめらかにする。
2. マスタードパウダーとグラニュー糖、プラムのピクルスの果肉を加えながら、さらにフードプロセッサーを回す。
3. 容器側面に付いた分をかき落としながら、さらに回し、湯大さじ1を加える。
4. 味ととろみを確かめ、必要なら塩か湯を加える。マスタードくらいの濃度にする。
5. プラム・マスタードを清潔なびんかプラスチック容器に入れ、ふたをして冷蔵庫に入れる。このマスタードはすぐに食べられますが、冷蔵庫で1週間保存できます。

みなさんがお考えのことは想像がつきます。シラチャーソース界の兄貴分ともいうべきフイフォン・フーズ社製のおいしいソースを買えばいいのに、なぜわざわざ手作りするんでしょう？ その答えはシンプルで、簡単に最高の味のソースが作れるからです。それに、フイフォン・フーズ社の工場が閉鎖されるといううわさが流れたときの、シラチャーソース危機を思い出してみてください。まるでホラー映画「28日後...」のように、シラチャーソース中毒の人たちが、もう二度と手に入らなくなるのではないかと焦り、世界中で買い占めに走ったものです。そんな事態が再発した場合に備えて、自分で作れるレシピをご紹介します。

自家製シラチャーソース

材料（300㎖容器1つ分）
赤のハラペーニョ唐辛子…500g
タイ産赤唐辛子…200g
赤のスコッチボンネット唐辛子
　…100g
にんにく…6かけ（皮をむく）
黒砂糖…45g
海の塩…大さじ1
米酢…125㎖

1. 使い捨て手袋を着ける。全ての唐辛子をよく洗い、へたの部分を取る。唐辛子の辛み成分が目（やそのほかの体の部分）に付くと痛い思いをするので注意すること。
2. 唐辛子、にんにく、黒砂糖、塩、水125㎖をフードプロセッサーにかけて、なめらかにする。
3. 清潔なびんに移してモスリンの布で覆い、肉用のタコ糸で縛って固定する。発酵が進むと「げっぷ」が出ることがあるので、中身があふれてもいいように、びんの下に皿を敷いておく。室温で5日間発酵させる。
4. 酢を加え、フードプロセッサーにかける。
5. 細かいざるに入れ、スプーンの背で濾しながら鍋にあけ、唐辛子の種を全て取り除き、なめらかなソースにする。この段階ではかなりさらっとした状態。辛味オイルを作るために、種はとっておくこと（作り方は下記を参照）。
6. 鍋を中火～強火にかけて、中身を沸騰させる。弱火にして30分、ゆっくりと好みのとろみになるまで煮つめる。ソースの表面にあくが出たら、おたまで丁寧にすくって取り除く。
7. 火からおろし、室温に冷ましてから、びん詰めして冷蔵庫に入れる。おめでとうございます、自家製シラチャーソースのできあがりです！ 2～3か月は保存できます。

シラチャー・マヨネーズもおすすめ。マヨネーズ大さじ4に自家製シラチャーソース大さじ1を混ぜ、ライムの絞り汁を適量加えます。

自家製シラチャーソースを作るときは、唐辛子の種を捨てずに取っておきましょう。種を清潔なびんに入れ、全体が浸るように良質のオリーブオイルを注ぐだけで、自家製チリオイルのできあがり。まさに一石二鳥です！

THE RECIPES

ここまで読んでくださったみなさんの冷蔵庫には、自家製のピクルスやソース、キムチなどが詰まっていることでしょう。さあ、次はどうやって食べればいいか、アイデアが必要ですね。私のお気に入りのサンドイッチ、タコス、麺類などのレシピをご紹介します。おいしいピクルスや発酵食品をマスターしたら、それらを材料に作ってみてください。

食べ物好きの友人やピクルス好きの仲間たちにも、とっておきのレシピを聞いてきました。これでピクルス・パーティーの準備は完璧です！

オランダ人は、にしんの初物が出回ると色めき立ちます。5月か6月にその年のにしんが登場すると、文字通り町中の屋台やマーケットがにぎわいます。本格的なオランダ風の食べ方は、にしんの尾を持ち上げ、生の玉ねぎをまぶして、頭の上に掲げ、天井を見上げて口に入れます。お試しあれ。

オランダ風新にしんの酢漬け

材料（4人分）
にしん…4匹（魚屋さんで頭を落とし、うろこを取り、卵を取り除いてもらう）
海の塩…にしんが十分にかぶるくらい
玉ねぎ…1/4個（薄切り）
アムステルダム風玉ねぎのピクルス（下記を参照）…1つかみ

1. にしんを24時間凍らせる。こうして魚の身に含まれるバクテリアを殺す。
2. 翌日、冷水でにしんをすすぎ、ペーパータオルで水気を取る。
3. 清潔な容器に入れ、海の塩を丁寧にまぶす。
4. ふたをして、最低24時間冷蔵庫に寝かせる。3〜4日間までこの状態で保存できる。
5. にしんが柔らかくなったら、冷水でよく洗い、ボウルに入れた冷水に8時間浸しておく。ときおり水を取り替えること。
6. 食べる前に、魚をおろして骨を取り除く。
7. にしんの上に玉ねぎの薄切りとアムステルダム風玉ねぎのピクルスを振りかける。2日間保存できます。

すでにお話ししたように、ピクルスという言葉の語源は、オランダ語で「ピクルス液」を意味する「pekel（ペケル）」です。ピクルスは、私の母国オランダでは重要な位置付けにあり、私は常にピクルスに親しんで育ちました。この明るい黄色の玉ねぎのピクルスは、子どものころの大好物でした。庶民的なフィッシュアンドチップスやケバブの店のオランダ版ともいえるフリチュールでは、このピクルスが大びんで置かれています。

アムステルダム風玉ねぎのピクルス

材料（500ml容器1つ分）
小玉ねぎ…250g
白ワインヴィネガー…250ml
りんご酢…250ml
サフラン…6本
ベイリーフ…1枚
マスタードシード…小さじ1
グラニュー糖…大さじ2
海の塩…1つまみ

1. 玉ねぎを大きなボウルに入れ、熱湯を浸すまで注ぐ。1分間おいて、水気を切り、冷ましておく。
2. 手で扱えるくらいまで冷めたら、玉ねぎの皮をむき、清潔なびんに入れる。
3. 酢と残りの材料を中くらいの鍋に入れ、沸騰させる。
4. 火からおろし、すぐに熱いピクルス液を玉ねぎの上から注ぎ入れる。
5. 冷まして、ふたをして、冷蔵庫で3週間おいたらできあがり。冷蔵庫で6か月保存できます。

ロンドンで大人気の台湾ストリートフード店「バオ」は、ユニークで上質なストリートフード・マーケットをロンドンで展開する「カーブ」の傘下で2012年に創業し、めざましい発展を遂げてきました。マーケットで営業した後、ハックニー地区のネティル・マーケットに仮店舗を開き、2015年には本格的な店舗を開きました。創造的な台湾小皿料理のほか、もちろん、店名にもなっている「バオ」(台湾式バーガー)もさまざまな種類が楽しめます。とりわけ有名なのが、「グアバオ」。ふわふわの白い蒸しパンに、豚の角煮やピーナッツバター、コリアンダー、そしてからし菜漬けをはさみます。本物の手作りの味で、店には市販の海鮮醬などの調味料は置かれていません。

バオが、ロンドンでもとりわけユニークかつクリエイティブでおいしい料理を出しているということだけでなく、これだけ短期間に成功を収めたことに、私は大いに感銘を受けています。これからも応援したい店です。ここで紹介するのはバオのしょうゆ漬け唐辛子のレシピ。新鮮な生ガキにかけて食べると絶品です。

生ガキのしょうゆ漬け唐辛子添え

台湾料理店「バオ・ロンドン」のレシピ

材料(300㎖容器1つ分)
米酢…大さじ6
黒酢…120㎖
しょうゆ…大さじ2
にんにく…12かけ
　(皮をむいてみじん切り)
海の塩…大さじ1/2
グラニュー糖…大さじ1
緑のハラペーニョ唐辛子…12個
生ガキ…適量(きれいに洗って開く)

1. 鍋を弱火にかけ、酢、しょうゆ、にんにく、塩、グラニュー糖を合わせる。塩と砂糖が溶けるまでかき混ぜながら熱する。
2. 唐辛子を縦に半分に切り、種を取り、みじん切りにする。
3. 唐辛子を1に加える。清潔なびんに注ぎ、ふたをして一晩おく。
4. しょうゆ漬け唐辛子は翌日には食べられます。漬け汁ごと、カキの上にスプーンでかけて食べます。
5. しょうゆ漬け唐辛子は冷蔵庫で1か月保存できます。

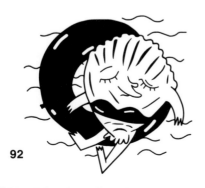

オクラはふつうのピクルスにしただけでおいしいのですが、フライにすると格別。やっぱり揚げ物にすると何でもおいしさが増しますよね！ 私はスモーキークリーム・ディップ（下記を参照）を付けて食べるのが好きですが、F.A.T風キムチ辛味ソース（74ページ）やスティルトン・ディップ（81ページ）にもよく合います。ピックルバック（129ページ）のおつまみにもぴったりです。

バーボン・唐辛子風味のオクラのフライ

材料（2～4人分）
バーボン風味のオクラのピクルス
　（32ページ）…200g
薄力粉…125g
ビール…300㎖
卵…中1個（溶きほぐす）
海の塩…小さじ1/4
ひきたての黒コショウ…小さじ1/4
植物油…適量
スモーキークリーム・ディップ
　…適量

1. オクラをピクルス液から出し、ペーパータオルで余分な水分を取り除く。
2. 薄力粉、ビール、溶き卵、塩、コショウをジップロックの袋に入れて、よく混ぜる。オクラを加え、振ってオクラに衣をよくなじませる。
3. 油を180℃に熱する。温度計で温度を確かめること。キッチンのカウンターに新聞紙かペーパータオルを広げる。
4. オクラを油にそっと入れて、きつね色に色付くまで約2分間揚げる。新聞紙かペーパータオルに移して油を切る。ディップとともに熱々をどうぞ。

スモーキークリーム・ディップ
スモーキーな風味が効いた絶品のディップ。細ねぎ10本を高温のオーブンでローストし、かなり大胆に焦げ目を付ける。オイルは使わないこと。これを適量のオリーブオイル、生のコリアンダー1つかみ、にんにく1かけとともにフードプロセッサーにかける。ボウルに入れて、サワークリーム200㎖、マヨネーズ大さじ1、好みの量のライムの絞り汁を加える。塩とコショウで味をととのえればできあがり。

これは文字通り、究極のミートボール・サンドイッチです。ジューシーな豚肉とフェンネルのミートボール、コクのあるトマトソース、かりっとした歯ごたえのフェンネルの甘味ピクルス、くるみがたっぷり入った夢みたいなペースト。私のミートボールとトマトソースのレシピは、ニューヨークの人気レストラン「フランキーズ・スプンティーノ」の2人のシェフが書いた必読料理本『The Frankies Spuntino Kitchen Companion & Cooking Manual』をアレンジしたものです。

究極のミートボール・サンドイッチ

材料（2人分）
バター…パンに塗る分
良質のサワーブレッド…4枚
オリーブオイル…適量
くるみとルッコラのペースト
　（98ページ）…適量
フェンネルの甘味ピクルス（31ページ）…2つかみ（約1/2カップ）

トマトソース用
オリーブオイル…125㎖
にんにく…5かけ
　（皮をむいてみじん切り）
トマト缶…800g
　（ざっくり切るか手でつぶす）
海の塩…小さじ1

ミートボール用
豚ひき肉…500g
フェンネルシード…大さじ1
にんにく…2かけ（みじん切り）
卵…中1個
海の塩…小さじ1
ひきたての黒コショウ…小さじ1
レーズン…大さじ2（細かく刻む）
パルメザンチーズ（おろしたもの）
　…大さじ2
白パン…1枚（細かく手でちぎる）

1. トマトソースを作る。フライパンにオリーブオイルとにんにくを入れて熱する。にんにくが香り高くきつね色になるまで、中火で数分間加熱する。
2. トマト（汁ごと）と塩を加える。3〜4時間、ときおり混ぜながら煮込む。
3. ソースができあがる1時間ほど前に、ミートボールを作る。材料をボウルに入れてよく混ぜる。
4. オーブンを180℃に温める。
5. ミートボールのたねをゴルフボールの大きさに丸める。少しだけつぶしてベーキングペーパーを敷いたトレイに並べる。
6. オーブンで20分間、焦げ目が付くまで焼く。
7. オーブンから出してトマトソースに入れ、中に火が通るように20分間煮る。
8. サンドイッチを作る。パンの片面にバターをたっぷり塗る。ホットサンド・メーカーを使う場合は、パンを2切れ、バターを塗った面を下にしてグリルする。ホットサンド・メーカーがない場合は、大型の底の厚いフライパンを中火で熱し、少しだけ油を敷いてから、パン2切れを、バターを塗った面を下にしてフライパンに入れる。
9. 具の味がパンによくなじむように、次の順番でトーストのうちの1枚に具を載せていく。くるみとルッコラのペースト、フェンネルの甘味ピクルス、ミートボール、トマトソース大さじ2。残りのトーストを上に載せる。ホットサンド・メーカーを使っている場合、よく押して具が落ちてこないようにして、トーストする。
10. フライパンを使っている場合、アルミホイルかベーキングペーパーの上にサンドイッチを載せ、キャセロール皿をその上から（重しとして）載せる。中火〜弱火で、きつね色になるまで焼く。裏返して反対側も焼く。温かいうちにどうぞ。

このペーストは、ふつうのバジルのペーストよりもナッツの風味が味わえるうえに安上がりで、とてもおいしいです。97ページの究極のミートボール・サンドイッチには欠かせません。

くるみとルッコラのペースト

材料（190ml容器1つ分）
ルッコラ…100g（洗って荒く刻む）
にんにく…2かけ（皮をむく）
くるみ…少なめの1つかみ
パルメザンチーズ（おろしたもの）
　　…少なめの1つかみ
レモン汁…1個分
エキストラバージン・オリーブオイル
　　…適量
海の塩とひきたての黒コショウ
　　…適量

1. ルッコラ、にんにく、くるみ、パルメザンチーズ、レモン汁をブレンダーかフードプロセッサーにかける。だいたいペースト状になってきたところでオイルを少しずつ加え、好みの濃さにする。私はかなりどろっとしたペーストが好きです。とくに、究極のミートボール・サンドイッチに使うなら、シャツにこぼしてシミを作る事態を避けるためにも！

2. 塩コショウで味をととのえ、清潔なびんに入れる。使うまで冷蔵庫で保存する。密閉されたびんで、ペーストの表面がオイルで覆われているようにしておけば、冷蔵庫で2か月保存できます。

映画「The Great Chicken Wing Hunt」は、アメリカで世界一のバッファロー・ウイング（アメリカ風鶏手羽の辛味揚げ）を見つけるミッションに挑む人たちについてのドキュメンタリー。私は 2013 年、この映画のイギリスでの初上映イベントを担当しました。チャリティー団体「フードサイクル」に寄付するために、少額の入場料を取り、その代わり来場者はビールが飲み放題で、大量のチキンウイングも用意しました。そのとき、私のお気に入りの店、「バオ」や「ザ・スキニービブ」、「トモス・パリー」、「リタズ」、それに「オン・ザ・バブ」の人たちにお願いして、辛いソースを作ってもらったのです。チキンウイング 1,000 本を準備して、揚げてからいろんなソースをかけました。ここで紹介するのは、そのイベントで私たち F.A.T が用意したソースです。これはまるで、バッファロー・ウイングのオールインワン版。通常添えられているブルーチーズドレッシングやセロリのスティックがすでにソースに入っていて、いっぺんに食べることができます！

F.A.T風バッファロー・ウイング

材料（2〜4人分）
植物油（揚げ油用）
鶏の手羽肉…12個
　（関節部分で半分に切る）
無塩バター…90g
F.A.T風キムチ辛味ソース
　（74ページ）…125mℓ
スティルトンなどのブルーチーズ
　…大さじ1
セロリソルト…適量

1. フライヤーか大きな底の厚い鍋に植物油を入れ、190℃に熱する。
2. 手羽肉を何回かに分けて油にそっと入れ、約 10 分間、かりっときつね色になるまで揚げる。穴あきおたまかトングを使って油からあげて、ペーパータオルで余分な油を切る。
3. バターを別の鍋に入れて弱火にかける。辛味ソース、ブルーチーズ、セロリソルトを入れて、よく混ぜ、全体に火を通す。
4. 手羽肉をボウルに入れ、ソースをかけてあえる。熱々をどうぞ。

ダンダン麺は、おそらく近年では一番作る回数が多かった一品。私にとって最高のコンフォートフード（ほっとする家庭料理）です。いわばスパゲティー・ミートソースのアジア版。さまざまなバリエーションがありますが、一番のお気に入りのレシピをご紹介します。

ダンダン麺（自家製担担麺）

材料（2人分）
うどんの生麺…400g
中国野菜（チンゲン菜や菜心など）
　…100g
ピーナッツ…1つかみ
　（ローストして刻む）
細ねぎ…2本（みじん切り）
黒か白の炒りごま…大さじ1

豚肉用
植物油…大さじ1
しょうが…5cm（皮をむいてみじん切り）
にんにく…4かけ（皮をむいてみじん切り）
からし菜漬け（53ページ）
　…100g（刻む）
豚ひき肉…250g
海鮮醤…小さじ1
五香粉…小さじ1
マッシュルームパウダー…小さじ1/4
しょうゆ…大さじ2
紹興酒…大さじ1

ソース用
ねりごま…大さじ3
ピーナッツバター…大さじ1
花椒…大さじ2（乾煎りしてひく）
中国黒酢…小さじ1
自家製ラー油（78ページ）
　…200ml
濃口しょうゆ…大さじ2
グラニュー糖…大さじ1
海の塩…適量

1. 豚肉を準備する。大きな鍋に油を入れて中火で熱する。しょうが、にんにく、からし菜漬けを加え、柔らかくなり香りが立つまで数分間炒める。
2. 豚肉を加え、おたまでほぐし、肉が少しかりっとなるまで炒める。
3. 海鮮醤、五香粉、マッシュルームパウダーを加え、しょうゆ、紹興酒を加え、よく混ぜる。さらに数分間炒め、余分な水分を飛ばし、火からおろしておく。
4. うどんをパッケージのゆで方に従ってゆでる。ゆで汁のうち200mlをすくってとっておく。うどんをざるにあげ、冷たい流水をあてて、余熱でゆで過ぎになるのを防ぐ。
5. ソースを作る。ねりごま、ピーナッツバター、花椒、酢、ラー油、しょうゆ、グラニュー糖、塩をボウルに入れる。とっておいたうどんのゆで汁を少しずつ加えて好みの濃さにする。味見して必要なら塩を加える。
6. 大きな鍋に湯を沸かし、中国野菜を2分間、中火でさっとゆでる。火が通ったらざるにあげておく。
7. ソースを2つのボウルに分けてうどんを入れ、よくあえる。豚肉と野菜、ピーナッツ、ねぎ、ごまを載せる。よく混ぜて召し上がれ！

中国語の「ダンダン（担担）」は、かごを両端に下げた担ぎ棒を指します。麺を片方に、ソースをもう片方に担いだ人が、道端で売っていたのが由来です。

私はチキンウイングが大好き。子どものころ、故郷の町マーストリヒトで父と姉のエヴァと一緒に、レストラン「ガウチョス」に行くのは最高の楽しみでした。マクドナルドのハッピーセットでおまけのおもちゃがもらえるより、ずっとうれしかったものです！ここで紹介するのは、そんなキッズミールの大人版。砂糖、塩、スパイスの効いたピクルス液のおかげでチキンがジューシーに仕上がり、バターミルク入りの衣はかりっとした食感がたまりません。辛いソースをたっぷりと用意し、ピクルスを添えることもお忘れなく。

ピクルス・フライド・チキンウイング

材料（2〜4人分）
鶏の手羽肉…12個
きゅうりとディルのピクルス（17ページ）のピクルス液…300〜500ml（ざるで濾してスパイスは捨てる）
植物油（揚げ油用）
バターミルク（低脂肪・無脂肪の牛乳で代用可）…500ml
薄力粉…300g
海の塩…小さじ1と振りかける分
黒か白のごま…適量
自家製シラチャーソース（86ページ）…適量

1. 手羽肉の端を切り取って捨てる。浅いボウルに入れて、手羽肉が完全に浸るようにピクルス液を注ぐ。冷蔵庫に入れて最低4時間、できれば一晩漬ける。
2. 揚げる準備ができたら、フライヤーか底の厚い大きな鍋に油を入れ、190℃に熱する。
3. 浅いボウルを2つ用意し、1つにバターミルク、もう1つに薄力粉と塩を混ぜて入れる。
4. 手羽肉を1つずつ、バターミルクのボウル、次に薄力粉のボウルに入れて衣を付ける。
5. 手羽肉を何回かに分けて油にそっと入れ、約10分間、かりっときつね色になるまで揚げる。
6. 穴あきおたまかトングを使って油からあげて、ペーパータオルで余分な油を切る。塩とごまを振りかけ、シラチャーソースを付けてどうぞ。

ホームメイドのフラットブレッドと内臓肉、ピクルスは最高の組み合わせ。天然酵母フラットブレッドのレシピを教えてくれたジェイムズ・ロウに感謝します。

天然酵母フラットブレッド クミン風味のラムハツと青唐辛子のピクルス載せ

材料（6人分）
プレーンヨーグルト…大さじ2
レモン汁…大さじ1
海の塩、ひきたての黒コショウ
　　…適量
トルコ風青唐辛子ピクルス（35ページ）…適量（みじん切り）
生のコリアンダー…適量
　（みじん切り）

フラットブレッド用
薄力粉…660g＋打ち粉用
スペルト小麦粉…165g
海の塩…小さじ4
サワークリーム…125g
天然酵母スターター…165g

クミン風味のラムハツ用
ラムハツ…2個（余分な脂肪や血管、筋、硬い腱は取り除く。肉屋さんで頼むと良い）
クミンシード…大さじ1
　（煎って細かくひく）
花椒…大さじ1（煎って細かくひく）
オリーブオイル…適量
海の塩、ひきたての黒コショウ
　　…適量

1. 天然酵母フラットブレッドを作る。大きなボウルに材料と水300mlを入れ、手で5分間混ぜたら、1時間寝かせる。
2. 軽く粉を振った台で15〜20分こねて、3〜4時間寝かせる。1時間ごとにこねておりたたむようにして、生地につやとなめらかさを出す。
3. 生地をボール状にして、ゴルフボール大に6つに分ける。残った生地は冷凍する。
4. 手に打ち粉をして生地を上から押して平らにし、直径10㎝、厚さ3㎜の円形にする。打ち粉をした麺棒を使っても良い。
5. フラットブレッドを焼く。大きな鍋を、油を敷かず、できるだけ強火で熱する。フラットブレッドを1枚ずつ入れて1分間焼き、泡が表面に出てきたらひっくり返してさらに1分間焼く。火からおろしてアルミホイルで包んで保温しておく。
6. ラムハツを冷水でよく洗い、ペーパータオルで水気を取る。それぞれを3つに切り、たっぷりのオリーブオイルとスパイスを入れたボウルに入れる。塩コショウで調味し、よく混ぜる。
7. 底の厚い鉄板またはフライパンを強火で熱し、ラムハツを入れて全体をよく焼く。
8. 小さなボウルにヨーグルトとレモン汁を入れ、塩コショウで味をととのえる。
9. フラットブレッドにヨーグルトを塗る。焼いたラムハツとピクルス、コリアンダーを載せて召し上がれ。

天然酵母スターターの作り方
水と薄力粉さえあれば、天然酵母スターターが作れます。まず、小麦粉200gを、清潔な大きなボウルかびんに入れる。水200mlを加え、よく混ぜてふきんをかける。温かい場所に一晩置く。翌日、泡が立って膨らみ始めているはず。泡は、天然酵母が住みついたことを示しているので、こうなったらえさをあげる準備が完了。えさとして、同じ量の小麦粉と水を、さらに3日間、毎日与え続ける。5日くらいで天然酵母スターターのできあがり。

東ロンドンにあるミシュラン星付きの英国料理店「ライルズ」のオーナーシェフ、ジェイムズ・ロウのレシピです。私は店のマーケティングを担当していて、言うまでもなくこのレストランの大ファン。この豚まんのレシピは、ジェイムズが店を開くずっと前、ロンドンで何度か開催されたストリートフードのイベントで生まれました。ジェイムズによると「これはライルズの中ではちょっと変わり種の料理。数百人分でも手早く簡単にできるユニークで楽しい一品で、僕の大のお気に入りです。未熟な緑のトマトは、実が固くてピクルスにすると本当においしいです」。

マスタード風味の豚まん グリーントマト添え

レストラン「ライルズ」のオーナーシェフ、ジェイムズ・ロウのレシピ

材料(4人分)
皮なしの骨付き豚バラ肉…500g
海の塩…適量
生のレモンタイム…5本
にんにく…2かけ(皮をむいてつぶす)
ブリオッシュ・バンズ…4個
クリスピーシャロット(ねぎを細かく切って揚げ、塩をまぶしたもの。アジア食材店で既製品が購入可能)…50g
サラダ菜…1玉(葉を4枚とっておく)

グリーントマトのピクルス用
緑のトマト…6個(5mm幅に切る)
りんご酢…300ml
海の塩…小さじ1
グラニュー糖…150g
クミンシード…大さじ1
ターメリック…1つまみ
玉ねぎ…1個(薄切り)

マスタードマヨネーズ用
卵…中1個と卵黄2個
ディジョンマスタード…大さじ1
オリーブオイル(マイルド)…300ml
粒マスタード…適量
りんご酢…小さじ3
海の塩とひきたての黒コショウ…適量

1. 食べる前日にグリーントマトのピクルスを作る。グリーントマトのピクルス用の材料を全て底の厚い鍋に入れ、水250mlを加えて火にかけ、沸騰させる。
2. トマトを鍋から出して、清潔なびんに入れる。煮汁は捨てないで、60℃まで冷ます。
3. 切ったトマトの上から煮汁を注ぎ込み、ふたをする。
4. 室温になるまで冷ましてから、冷蔵庫に入れる。ピクルスは翌日にはできあがり、冷蔵庫で1か月保存できる。
5. オーブンを130℃に予熱する。豚バラ肉に塩を振り、レモンタイムとにんにくをまぶす。
6. 肉の高さよりも深いロースト皿に豚肉を入れて、水150mlを加え、ベーキングペーパーとアルミホイルでふたをし、温めておいたオーブンで6時間、肉が柔らかくなり、骨からはがれるようになるまで焼く。2時間ごとにチェックして、乾燥していそうなら水を足す。オーブンから出したら冷まし、肉汁はとっておく。
7. マスタードマヨネーズを作る。卵と卵黄をマスタードと一緒にフードプロセッサーにかける。オイルをほんの少しずつ加え、乳化してとろみが付くようにする。粒マスタードを少量、お好みで混ぜ、りんご酢と塩コショウで味をととのえる。
8. 肉が手で扱えるくらいに冷めたら、厚さ8mmに切る。鍋を中火〜強火で熱する。肉の両面を焼いて焦げ目を付け、とっておいた肉汁をはけで塗る。
9. パンをオーブンで温めて切る。バンズの下半分に豚肉を1切れと、スプーン山盛りのマスタードマヨネーズ、サラダ菜、トマトをこの順で載せる。クリスピーシャロットをトマトの上に振りかけ、パンの上半分をかぶせる。

アイザック・マクヘールは、ロンドンのショーディッチ地区にあるミシュラン星付きレストラン「ザ・クローヴ・クラブ」のオーナーシェフです。私はこの店の常連。休みの日になるとこの店で、ロンドンで一番おいしいオールド・ファッションド・カクテルとともに、有名なパイン・フライドチキンとスモークしたたらこのライ麦クラッカー添えを食べるのが楽しみ。アイザックは職人タイプのシェフで、仲間のジョニーとダニエルは洒落男。このチームが、カジュアルでありながら活気ある雰囲気と最高のサービスを実現しています。この本のためにレシピを提供してほしいとアイザックにお願いしたところ、この一品を教えてくれました。「きみにぴったりの料理だろう?」とアイザック。その通り！ 材料の豚脂(豚の肝臓・腎臓の周りに付いている内臓脂肪)は良質の食肉店で手に入ります。「最高級品種の豚の脂を注文するように。このレシピはいい素材が手に入らなかったら作る意味はないよ」とのことです。

ホイップした燻製脂
スコッチボンネット唐辛子のピクルス添え

レストラン「ザ・クローヴ・クラブ」のオーナーシェフ、アイザック・マクヘールのレシピ

材料(4人分)
豚脂…2kg(食肉店で頼んでミンチにしてもらう)
サクラかオークのスモークチップ
　(燻製用)
海の塩…適量
天然酵母パン
　…4枚(トーストしておく)
メープルシロップ…適量
ひまわりの種…75g(乾煎りする)

スコッチボンネット唐辛子の
ピクルス用
白ワインヴィネガー…200mℓ
海の塩…小さじ2
グラニュー糖…50g
赤のスコッチボンネット唐辛子
　…2個(半分に切って種を取る)
黄色のスコッチボンネット唐辛子
　…2個(半分に切って種を取る)
オレンジ色のスコッチボンネット唐辛子…2個(半分に切って種を取る)

1. まず唐辛子のピクルスを作る。大きな鍋にヴィネガー、塩、グラニュー糖、水200mℓを入れて火にかけ、沸騰させる。
2. 唐辛子を清潔なびんに入れ、熱いピクルス液を注ぎ、全体が浸るようにする。ふたをして室温に冷ます。
3. ざるにモスリンの布かガーゼを敷く。
4. 浅いボウルに豚脂を入れて冷やしておく。
5. 燻製器(ストーブトップ・スモーカー)を用意する。豚脂のボウルが入るくらい大きい鍋の底に、アルミホイルを敷く。チップを入れて、その上からもう1枚アルミホイルを敷き、燻製器を予熱する。冷やしておいた豚脂のボウルの底を冷水に浸し、燻製器に入れる。ふたをして、煙が逃げないようにさらにアルミホイルで覆い、5分間、脂をゆっくりと溶かし、スモークする。
6. 140℃になったら(インスタント読み取り温度計を使うこと)、スイッチを切る。表面に少し脂が浮いているはず。これをすくい、別にとっておく。残りの脂を、モスリンまたはガーゼを敷いたざるに入れて濾す。
7. 1時間室温でおく。きれいにしたシンクに氷水を張る。スモークした脂のボウルを入れて、泡立て器でかき混ぜ、脂をホイップクリーム状にする。塩を好みの量加える。
8. 唐辛子のピクルスをみじん切りにし、ピクルス液少量とともに、ホイップした燻製脂に加える。
9. ホイップした燻製脂をパンにたっぷり載せて、ひまわりの種と、好みで取っておいた脂を振りかけ、メープルシロップをたらす。

ブルーコーンのトルティーヤを使いますが、正統派のメキシコ料理のレシピではないことをお断りしておきます。また創作レシピですが、メキシコ料理ならではの風味が満喫できます。ブルーコーン、スモーキーな豚の角煮、そして酸っぱい赤玉ねぎのピクルスの組み合わせは最高です。ブルー・マサ・ハリナ粉が手に入らない場合、ふつうのマサ・ハリナ粉か、既成のソフトタイプのコーン・トルティーヤを使ってください。

チポトレ唐辛子と豚肉のタコス ユカタン風ピクルス添え

材料（4〜6人分）
オリーブオイル…適量
玉ねぎ…大1個（荒く刻む）
豚の肩肉（骨なし）…450g
　（角切りにする）
チポトレ唐辛子（アドボソース漬け、缶詰になっているもの）
　…4個（刻む）
にんにく…2かけ（つぶす）
トマト缶…400g
生のオレガノ…2本（みじん切り）
ビール…200ml
はちみつ…大さじ1
好みのサルサ…適量
ユカタン風ピクルス（39ページ）
　…適量
ライム…適量

ブルー・トルティーヤ用
ブルー・マサ・ハリナ粉（インターネットやスーパーで購入可能）
　…225g
海の塩…適量

1. 底の厚い大きな鍋に、オリーブオイルをたっぷり入れて中火にかけ、玉ねぎを10分間、柔らかくなるまで炒める。
2. 豚肉、チポトレ唐辛子、にんにく、トマト、オレガノ、ビール、はちみつを加える。
3. 弱火にして3〜4時間、ときおりかき混ぜながら煮込む。
4. トルティーヤを作る。マサ・ハリナ粉を湯250ml、多めのひとつまみの塩と混ぜる。
5. 生地が粘土くらいの柔らかさになるまでこねる。水が必要なら少しだけ加える。水分が多すぎるようなら粉を少しだけ加える。ちょうど良い柔らかさになったら全体をボール状に丸め、ラップをかけて30分間休ませる。
6. 生地をゴルフボールの大きさに分ける。それぞれの生地をクッキングシートの間にはさんでおく（こうすると伸ばす作業がやりやすい）。
7. トルティーヤ・プレスか麺棒を使って、円形のトルティーヤを作る。
8. 底の厚いフライパン（鉄のフライパンが最適）を中火〜強火で予熱し、トルティーヤを1枚ずつ入れて、20秒、膨らむまで焼く。裏返してさらに5〜10秒焼く。フライパンから取り出し、ほかのトルティーヤを焼く間、ふきんに包んで冷めないようにしておく。
9. 温かいトルティーヤに豚の角煮、サルサとユカタン風ピクルスを載せて、ライムを絞ってどうぞ。

マグナス・リードはカフェ・カルチャーの達人です。良質のコーヒー、卵、おいしいサンドイッチを、リラックスできるカジュアルな空間で提供しています。ロンドンの「ザ・ハックニー・パール」「タックショップ」を経て、現在は「C.R.E.A.M」を経営するマグナス。いずれも私の大好きなカフェです。「C.R.E.A.M」は、私が食の業界に飛び込む前に4年間勤めたエージェンシー「プロテイン」とのコラボレーションでもあります。マグナスがカフェにいないときは、どこかの農場でプラムを摘んでいるか、野生のイラクサを探しているか、あるいは友達の経営するホテルやワインバーで出張ディナーを提供している最中です。

マグナスがこのレシピを考案したのは、小さくて個性的なワインショップ兼バー「P.フランコ」で出張ディナーをしたときだとか。私はディナーに行けなかったので、後でレシピを教わりました。

子牛肉のカルパッチョ ぶどうのピクルス添え

カフェ「C.R.E.A.M」のオーナーシェフ、マグナス・リードのレシピ

材料(2人分)

ピクルス用
ぶどう…1房
　（私は赤と緑を混ぜて使います）
良質の赤ワインヴィネガー
　　…500㎖
粉砂糖…大さじ4

クリスピーシャロット用
細ねぎ…3本(小口切り)
ひまわり油(炒め油用)

子牛肉用
放し飼いの子牛のフィレ肉(できればオーガニック)…200g
アンチョビ…2～4個(みじん切り)
チャービル(好みによりほかのハーブでも)…1つかみと飾り用(みじん切り)
細ねぎ…1本(みじん切り)
良質のオリーブオイル…適量

1. ぶどうを縦に半分に切る。酢と水125㎖を鍋に入れ、弱火にかける。煮えてきたら、砂糖を入れて、溶けるまで5分間かき混ぜる。沸騰したら火からおろす。清潔なびんかボウルに入れ、少し冷ます。
2. ぶどうをピクルス液に入れて、完全に浸るようにする(ぶどうの上に皿を載せて液体に沈ませると良い)。3時間から数日間おいてピクルスにする。
3. 次に、クリスピーシャロットを作る。ねぎを清潔なふきんでぎゅっとはさんで水気を取る。フライパンを中火にかけて油を熱する。ねぎを加え、かき混ぜながら約15秒、黄金色になるまで炒める。風味が悪くなるので焦がさないように注意。穴あきのおたまでペーパータオルにとっておく。
4. 肉を冷蔵庫から出し、よく切れる包丁を使って大きな脂肪と筋を取る。肉は縦に切った後に5㎜くらいの好みの薄さに切る。大きさをそろえると美しく見える。切ったら、室温になるように置いておく。
5. アンチョビ、チャービル、細ねぎをオリーブオイルとともに、ブレンダーかすりこぎとすり鉢で細かくしてドレッシングを作る。
6. 味見をして調節しながら、肉にドレッシングを少しずつかけていく。好みの味になるよう塩で味をととのえる。
7. きれいに重ねるか、リング状の型に入れて皿に盛る。ぶどうのピクルスを、ピクルス液を切りながら上に重ねる。さらに、クリスピーシャロットを振りかける。
8. お皿に緑色があると彩りがきれいなので、チャービルを飾る。

私の友人で、「リタズ」のオーナーシェフであるガブリエル・プライスは、私の好みにぴったりの料理を作る達人です。彼は何年も前から、世界のさまざまな食文化を大胆に取り入れ、思いがけない組み合わせによるフュージョン料理を作ってきました。「モダン・アメリカン」なコンフォートフード（家庭料理）と彼が呼ぶこうした料理は、南米料理、ユダヤ料理、メキシカン、イタリアンなど世界中からインスピレーションを得ています。ピーナッツ・ブリトル、フィッシュ・タコス、パティー・メルト、エローテス（メキシコの屋台で売られる焼きとうもろこし）、パンツァネッラ、フライドチキンのワッフル添えなど。「リタズ」がオープンしたてのころ、私はピクルスとキムチを店に納入していました。毎週、巨大なびんを2つ、タクシーで届けさせたものです。ガブリエルは、この本へのレシピの提供をお願いするのに適任だという絶大な信頼感がありました。私の別の友人のミッシー・フリンと同じで、ガブリエルはテーブルにメキシコの雰囲気を送り込むのが得意。今回は、えびのトスターダを作ってくれました。ガブリエルは言います。「このレシピは、いわばメキシコ風・北欧風オープンサンド。まったく意味をなさない表現だけれど、いい響きでしょう。伝統的なメキシコ料理ではなくて、いろいろな国の郷土料理に欠かせないえび、豆、テキーラ、ビールが使われています」

えびのピクルスのトスターダ サルサ・ボラーチャ添え

「リタズ」のオーナーシェフ、ガブリエル・プライスのレシピ

材料（4人分）
海の塩…大さじ2と1/2
殻付きのえび…500g
良質の赤ワインヴィネガー
　　…1ℓ
グラニュー糖…大さじ1
ハラペーニョ唐辛子…2個
ベイリーフ…5枚
粒黒コショウ…大さじ2
赤玉ねぎ…1個（薄切り）
レモンの皮…1個分
菜種油（揚げ油用）…150ml
コーン・トルティーヤ…大4枚
玉ねぎ…2個（みじん切り）
生のコリアンダー…適量
海の塩とひきたての黒コショウ
　　…適量
サワークリーム（少量の水でのばす）
　　…適量
ライム…適量

1. 食べる前日に、えびのピクルスを作る。鍋で塩大さじ1を入れた湯を沸騰させ、えびを加える。2〜3分ゆでて、ざるにあげて氷水を張ったボウルに入れる。再びざるにあげ、えびの背に包丁を入れて背ワタを取る。私は味を重視して、えびの頭は付けたままにします。お好みで頭を取り、殻をむいて血管を抜いてください。しっぽは残しておいた方が歯ごたえが楽しめます。ボウルに入れて、ピクルス液を作る間、冷蔵庫に入れておく。

2. 鍋に酢と残りの塩、砂糖と水400mlを入れて火にかける。沸騰させて、塩と砂糖が溶け切るまでよく混ぜる。火からおろし、室温に冷ます。

3. ピクルス液を清潔な密閉容器か大型のびんに入れる。ハラペーニョ唐辛子、ベイリーフ、コショウ、赤玉ねぎ、レモンの皮をえびのボウルに加え、全体をよく混ぜ合わせたら、容器かびんに入れる。ピクルス液を加え、ふたをしっかりと閉める。最低12時間、理想的には一晩冷やす。食べる2時間前に冷蔵庫から出しておく。

4. サルサを作る。オーブンを180℃に温めておく。チポトレの水気を切り、トマト、赤唐辛子、玉ねぎ、ビールとともにロースト用トレイに入れる。オリーブオイルをたっぷり振りかけ、塩で調味する。唐辛子とトマトの皮が焦げて膨れ始めるまで、1時間ローストする。
レシピは次のページに続きます

サルサ・ボラーチャ用
チポトレ唐辛子（乾燥）…1個
　（湯に20分間浸して柔らかくしておく）
完熟トマト…5個
赤唐辛子…3個
玉ねぎ…1個（薄切り）
ビール…120mℓ
オリーブオイル…適量
海の塩…適量
なす…1個
ライムの絞り汁…3個分
テキーラ…2ショット

ビーンズ用
うずら豆の缶詰（400g）…2個
菜種油…適量
玉ねぎ…小1個（薄切り）
にんにく…3かけ
　（皮をむいて薄切り）
赤唐辛子…1本（薄切り）
生のオレガノ
　…大さじ1（みじん切り）

5. トマトをローストしている間、なすを焼く。なすはガスレンジの直火で焼き、トングを使ってときおり転がして、全体の皮に黒く焦げ目を付ける。通常15分くらいかかる。火を止めてへたを切り落としたら、少し冷ましておく。

6. トマトのローストができたら、フードプロセッサーに入れてなすも加え、ペースト状にする。塩とライムの絞り汁、テキーラで調味し、そのまま置いておく。

7. 次に、ビーンズを作る。うずら豆の缶汁を捨てて水洗いし、2つの缶に分けて入れたまま置いておく。大きなフライパンに菜種油を熱し、玉ねぎ、にんにく、唐辛子、オレガノを入れて中火で約10分、玉ねぎが柔らかくなり色付き始めるまで炒める。うずら豆を1缶分加え、中火で5分間加熱する。ブレンダーかフードプロセッサーに移してなめらかなピューレ状にする。ブレンダーから出して、残りの豆を混ぜ合わせる。

8. 菜種油をフライパンに入れて熱し、コーン・トルティーヤを1枚ずつ、硬くかりっとなり、こんがり色付くまで手早く揚げる。トルティーヤをペーパータオルに取り、余分な油を切る。

9. すばやく、豆のペーストを大さじ1、均等な厚みになるようにトルティーヤに塗り、えびのピクルスとサルサ・ボラーチャを載せる。このトスターダに刻んだコリアンダー、みじん切りの玉ねぎをちらし、塩コショウで味をととのえる。サワークリームを振りかけたらできあがり。ライムをかけて召し上がれ。

いろいろなタコスがありますが、私はフィッシュ・タコスが大好き。もっと正確に言えば、ロサンゼルスの自動車道にある「ベスト・フィッシュ・タコス・イン・エンセナダ（カリフォルニア州エンセナダで一番おいしいフィッシュ・タコス）」という名の掘立て小屋みたいな店のフィッシュ・タコスが最高。私の意見では、この店のフィッシュ・タコスは人類史上最高。しかも、いろいろなサルサとトッピングがセルフサービスで好きなだけ追加できます。バハ・フィッシュ・タコスは、柔らかいコーン・トルティーヤに、衣を付けて揚げた魚とコールスローを載せ、マヨネーズに似た白くてクリーミーなドレッシングをかけた料理。コールスローにハラペーニョのピクルスとピクルス液を少し混ぜると、酸味の効いたスパイシーなコールスローになります。とてもシンプルですが、最高においしいので、これ以上凝る必要はない。そんなレシピです。

バハ・フィッシュ・タコス ハラペーニョ・コールスローのピクルス添え

材料（2〜4人分）
身のしっかりした白身魚（タラなど）
　…200g（棒状に切る）
海の塩…適量
薄力粉…150gと魚にまぶす分
卵…中1個
ビール…80ml
ひきたての黒コショウ…適量
植物油（揚げ油用）
自家製シラチャーソース
　（86ページ）…大さじ4
マヨネーズ…大さじ4
ソフト・コーン・トルティーヤ…4枚
ライム…4切れ

ハラペーニョのピクルス用
白ワインヴィネガー…250ml
グラニュー糖…220g
海の塩…小さじ1/4
ハラペーニョ唐辛子
　…10個（スライスする）
にんにく…1かけ（皮をむいて薄切り）

ハラペーニョ・コールスロー用
ハラペーニョのピクルス（上記）
　…大さじ5、ピクルス液大さじ2
白キャベツ…1/2玉
コリアンダー…大1束（みじん切り）
海の塩…適量

1. ハラペーニョのピクルスを作る。鍋に酢を入れて中火〜強火で熱し、グラニュー糖と塩を加え、溶けるまで泡立て器で混ぜる。
2. スライスしたハラペーニョ唐辛子とにんにくを清潔なびんに入れる。ピクルス液を火からおろし、ハラペーニョとにんにくの上からそっと注ぐ。
3. ふたをして、室温に冷ます。びんを冷蔵庫に入れる。2〜3日後にピクルスのできあがり。
4. コールスローを作る。ハラペーニョのピクルスを、短時間フードプロセッサーにかけ、ボウルに移す。
5. スライサーかよく切れる包丁を使って、キャベツを千切りにする。ボウルにキャベツとハラペーニョを入れる。
6. ピクルス液を加えて混ぜ、2時間おく。味見をしながら味をととのえ、必要ならさらにピクルス液を加える。
7. 魚をボウルに入れて塩を振る。
8. 別のボウルに薄力粉、卵、ビールを入れて泡立て器で混ぜる。
9. 浅いボウルか皿に薄力粉を入れる。魚を入れてまぶし、余分な粉ははらう。
10. 油を190℃に熱する。魚に衣を付けて、油にそっと入れる。約3分、黄金色になるまで揚げる。穴あきのおたまですくい、ペーパータオルに移して油を切る。
11. 自家製シラチャーソースとマヨネーズをボウルに入れて混ぜる。
12. 油を敷かないスキレットかフライパンで、トルティーヤを少し膨らむまで焼く。皿に載せて、湿ったタオルをかけて、冷めないようにしておく。
13. トルティーヤにコールスローを載せ、その上に魚を載せて、シラチャーソースとマヨネーズを合わせたソースをかける。ライムを添えてどうぞ。

このレシピは私の憧れの女性で、ニューヨークでベーカリー「ミルクバー」を経営するクリスティーナ・トジにインスピレーションを受けています。「モモフク」の妹ブランドである「ミルクバー」は、とてもおいしいクッキー（私はニューヨークに行く友達がいると、いつも3袋は買ってきてもらいます）と、ソフトクリーム（「ゆずチェリー味」なんて聞くと、そそられませんか？）、そしてトレードマークのシリアル・ミルクが大人気。前回ミルクバーに行ったとき、ふつうのバターの代わりにキムチバターを生地に練り込んで、さらにブルーチーズを中に入れて焼いたクロワッサンをオーダーしてみました。それは目からうろこが落ちる味でした。クリスティーナの最初の本『Momofuku Milk Bar』が出版されたとき、レシピが載っていたので、自分で作ってみました。でも失敗でした。クロワッサンを作るのは、本当に難しいのです！

それで、サンドイッチにするというアイデアを思い付きました。それならずっと簡単ですから。このチーズ入りグリルサンドイッチは、何年も前からマーケットの屋台や期間限定店舗で売っていて、大人気です。そんなおかしなこと！変！うそでしょう！キムチをサンドイッチに入れるなんてありえない！ところが、おおありなのです。最高においしいのです。私は、品質に定評のあるニールズヤード・デイリーのチーズを使います。

キムチとスティルトン・チーズのグリルサンドイッチ

材料（サンドイッチ2つ分）
柔らかくしたバター…パンに塗る分
良質の白パン…4枚
F.A.T風ごまキムチ（71ページ）…大さじ3
細ねぎ（みじん切り）…大さじ2
良質のスティルトンなどのブルーチーズ…大さじ2（塊をほぐしておく）
良質のチェダーチーズ（おろす）…大きめの2つかみ
チーズカード（あれば）…小さめの1つかみ（好みで）

1. パンの片面にバターをたっぷり塗る。ホットサンド・メーカーを使う場合は、パンを2切れ、バターを塗った面を下にしてグリルする。
2. ホットサンド・メーカーがない場合は、大型の底の厚いフライパンを中火で熱し、少しだけ油を敷いてから、パン2切れを、バターを塗った面を下にしてフライパンに入れる。
3. 次の順番でトーストのうちの1枚に具を載せていく。キムチ、ねぎ、スティルトン、チェダー、チーズカード（あれば）。残りのトーストを、バターの面を上にして重ねる。
4. ホットサンド・メーカーを使っている場合、よく押して具が落ちてこないようにして、トーストする。フライパンを使っている場合、アルミホイルかベーキングペーパーの上にサンドイッチを載せ、キャセロール皿をその上から（重しとして）載せる。弱火〜中火で、きつね色になるまで焼く。裏返して反対側も焼く。チーズが溶けて、トーストが黄金色になったらできあがり。

DRINKS

私は食べ物に関しては深みのある重層的な味が好きなのですが、不思議なことに、複雑なドリンクやカクテルにはあまり興味がありません。ワインやビールの方が好きなタイプなのです。でももちろん定番のカクテルは大好き。

手作りの本物のジンジャービール、とびきりのマティーニ、正統派ブラッディメアリー…──リラックスからデトックスまで、さまざまなシーンに欠かせない私のお気に入りのドリンクをご紹介しましょう。

ロンドンのメイフェアにある「デュークス・ホテル」のバーは、ロンドンで一番おいしいマティーニを出すことで知られています。世界一だと言う人もいるくらい。「007」シリーズの原作者イアン・フレミングが、ジェイムズ・ボンドの有名なせりふ「Shaken, not stirred（かき混ぜずに、シェイクして）」のインスピレーションを得たのもこのバーだと言われています。ロンドンでこの界隈に行くチャンスがあったら、ぜひバーに立ち寄ってみてください。ただし、マティーニをお代わりするのだけはだめですよ。信じられないくらい強いカクテルですから。私はオリーブの漬け汁を加えるのが好きですが、ここではオリーブではなくディル・ピクルスのピクルス液を使いました。

ピクルティーニ

材料（2人分）
ドライ・ベルモット…小さじ1/2
氷…適量
ウォッカ…250㎖
きゅうりとディルのピクルス（17ページ）のピクルス液…大さじ2
ディルのピクルス…飾り用

1. ベルモットをカクテル・シェイカーに入れて、氷を加える。
2. ふたをして数秒間シェイクし、冷やしたマティーニ・グラスに濾しながら注ぐ。
3. ウォッカとピクルス液をカクテル・シェイカーに入れる。
4. ふたをして数秒間シェイクし、冷やしたマティーニ・グラスに濾しながら注ぐ。ディルのピクルスを添える。

ブラッディメアリーは、二日酔いの治療薬としても、退廃的なブランチのお供としても、安定した人気を誇る定番カクテルで、誰でも自分の好きなバージョンがあるものです。これは私のレシピ。スパイシーで、アルコールが強く、甘い風味も楽しめます。それに、キムチをちょっと加えると、たいていのものはおいしくなるというのが、私の持論です。

キムチ・ブラッディメアリー

材料(2人分)
F.A.T風ごまキムチ(71ページ)
　…大さじ1
トマトジュース…500mℓ
自家製シラチャーソース
　(86ページ)…大さじ2
ウスターソース…大さじ1
りんご酢…大さじ1
韓国粉唐辛子(コチュカル)
　…大さじ1と適量
海の塩とひきたての黒コショウ
　…適量
ライム…適量
氷…適量
ウォッカ…125mℓ
セロリ…飾り用
唐辛子のピクルス…飾り用

1. F.A.T風ごまキムチ、トマトジュース、自家製シラチャーソース、ウスターソース、酢をフードプロセッサーにかけてなめらかにする。
2. 塩とコショウで味をととのえる(これはキムチの味による。キムチの塩気がきつい場合は塩を足す必要はない)。
3. こうしてできあがったベースを、細かい網目のざるで濾して種を取り除いて、さらっとしたジュース状にするか、わざと種を少し残したままにする。私は後者の方が好みです。
4. タンブラー2つのへりにライムの切り口をこすり付けてから、タンブラーのへりに塩と粉唐辛子をまぶす。
5. タンブラーに氷とウォッカを入れ、3を加えて、セロリのスティックと唐辛子のピクルスを飾る。

このカクテルはシンプルに出してもいいですし、いろんなもので飾るのもいいでしょう。オクラのピクルス、セロリ、唐辛子、えび、しその葉などがよく合います。

カワイイ！とってもキュートなきゅうりメロンは、ミニチュアのスイカみたいに見えますが、きゅうりとライムの味がします。きゅうりメロンは中米の特産品で、メキシコ全土で食べられています。愛称は「ねずみメロン」または「メキシコ小型きゅうり」。ピクルスの素材にぴったりです。

きゅうりメロンのピクルス

材料（300ml容器1つ分）
きゅうりメロン…100g
にんにく…1かけ（皮をむく）
生のタラゴン（ハーブの一種）
　　…3本
エルダーフラワー・ヴィネガー
　　（白ワインで代用可能）…60ml
りんご酢…60ml
海の塩…大さじ1
黒コショウ…1つまみ
マスタードシード（イエロー）
　　…1つまみ
ベイリーフ…1/2枚

1. きゅうりメロンを洗いながら、指先で花殻を取り去り、清潔なびんに入れる。
2. にんにくを千切りにして、びんに加える。タラゴンを枝ごと載せる。
3. 酢と水125ml、塩、コショウ、マスタードシード、ベイリーフを鍋に入れ、沸騰させる。
4. 火からおろしたら、熱いピクルス液をすぐにきゅうりメロンの上から注ぐ。ピクルスは3日後にはできあがり。冷蔵庫で2週間保存できます。

ピックルバックの起源には2説あり、フィラデルフィア起源とも、ニューヨークのブルックリン生まれとも言われています。後者の逸話によれば、ブルックリンにあるブッシュウィック・カントリー・クラブのバーのレジー・カニンガムが、創業したばかりだったアメリカのピクルスメーカー「マックリュアーズ」製のピクルスをストックしていました。ある若い女性客が、ウイスキーのチェイサーとして、ピクルス液を1ショット注文し、それにインスピレーションを得たレジー自身が2ショット飲んだところ、風邪も二日酔いも治ってしまい、こうして新しいカクテルが生まれたのです。飲み方は次の通り。ウイスキーをショットグラスに入れて飲み、ピクルス液でチェイスします。アルコールの焼けるような感覚を、ピクルス液は魔法のように癒してくれます。

ピックルバック

材料（1人分）
良質のウイスキー…1ショット
きゅうりメロンのピクルス
　　（上記参照）…飾り用
好みのピクルスのピクルス液
　　…1ショット

1. ショットグラスをきゅうりメロンのピクルスで飾る。
2. ウイスキーを飲み、ピクルス液でチェイスする。

私が初めてウォーターケフィアと出会ったのは、友達のダギーがブライトンで経営するレストラン「シロ」でのことでした。「シロ」ではほとんど何でも自家製です。店で出るコーヒーかすで「エスプレッソ・マッシュルーム」を栽培していますし（これが絶品なのです）、粉も店内で製粉しています。地下は「オールド・ツリー・ブリューワリー」とのコラボ企画で、ビールやシードルのほか、ウォーターケフィアやジンジャービール、コンブチャといったおいしい発酵ソフトドリンクも作っています。持続可能なレストラン経営を極めているのです。私が飲んだのはグミのウォーターケフィアで、たちまちとりこになってしまいました。おいしいだけではなく、お腹にいい発酵ソフトドリンク。私はおいしくて体にいいものには目がないのです！

ルバーブとジャスミン風味の ウォーターケフィア

材料（1ℓ分）
ジャスミン茶のティーバッグ…2個
グラニュー糖…160g
ルバーブの茎
　…2本（2cm幅に切る）
レーズン…大さじ4
レモン…1切れ
ウォーターケフィア・グレイン
　…大さじ2

1. 清潔な大型のびんに熱湯を1ℓ入れてジャスミン茶を淹れる。砂糖を入れて溶かしたら、完全に冷ます。
2. ルバーブ、レーズン、レモン、ウォーターケフィア・グレインを入れる。
3. モスリンの布（またはガーゼ）をびんの口にかけて、肉用のタコ糸で縛る。発生する二酸化炭素を逃がす必要があるので、ふたはしないこと。温かい場所に24時間置く。
4. ケフィアの味わいが増すのを待つ。長くおけばおくほど、より酸味と苦みが増していく。2〜3日後、濾してルバーブ、レーズン、レモンを取り除く。冷蔵庫で1週間保存できます。

ウォーターケフィア・グレインは通販で入手できます。いろいろな果物、ハーブ、お茶で、お好みの配合が見つかるまで試してみてください。

自家製ジンジャービールは、暑い日にふさわしい、さわやかな飲み物。もちろん、好きなウイスキーと混ぜて飲むのもおいしいです。作るのは簡単で、時間が少々かかるだけ。正確には2週間かかります。キッチンのカウンターに置いておいて、見張って泡が出てくるのを確かめましょう。3日目には泡が立ってくるはずです。てっぺんにしょうがの層が見えたら、かき混ぜましょう。ジンジャービールは酸素のある条件で発酵が進むので、空気を入れる必要があるのです。

ジンジャービール

材料（2ℓ容器2本分）
しょうが（おろす）…小さじ14
　（7日間で小さじ2ずつ使う）
グラニュー糖…小さじ14
　（7日間で小さじ2ずつ使う）
ミネラルウォーターまたは浄水
　…4ℓ
レモン汁…2個分

1. 水375mℓを清潔な広口びんに入れ、おろししょうが小さじ2とグラニュー糖小さじ2を加え、よく混ぜる。
2. びんの口にモスリンの布（またはガーゼ）をかけて、肉用のタコ糸で縛る。キッチンのカウンターに載せて、今後1週間、常に観察できるようにしておく。
3. 翌日から6日間に渡り、びんにかけた布を取って、グラニュー糖小さじ2としょうが小さじ2を加えてよく混ぜる。再び布をかけて元の場所に戻す。
4. 7日目に3の作業を終えたら、モスリンの布を敷いたざるを大きなボウルかバケツにセットしておいて濾す。絞ってできる限り多くの液体を取る。これがジンジャービールのスターターとなる。
5. ミネラルウォーターまたは浄水をボウルに入れる。ジンジャービールのスターターとレモン汁を加え、混ぜる。
6. ジンジャービールを清潔なプラスチックびんに入れて、モスリンの布（またはガーゼ）をびんの口にかけて、肉用のタコ糸で縛る。発生する二酸化炭素を逃がす必要があるので、ふたはしないこと。2〜3日後にジンジャービールを味見してみて、味と泡の出方に満足したら、びんにキャップをして冷蔵庫に入れる。
7. 冷蔵庫に1週間寝かせたらできあがり。

ミッシー・フリンは究極のガール・ボス。ハードに働き、ハードに遊び、自分のレストランを経営し、とてつもなくおいしい飲み物を作り、そして、本当に素敵な女性です。私と同じくメキシコ料理が大好きで、このテパチェのように、今まで飲んだことがないようなおいしさの飲み物を教えてくれます。テパチェはフルーツの皮を発酵させて作り（伝統的にはパイナップルを使います）、メキシコの歴史に深く根差しています。ミッシーは言います。「私が最初にテパチェを知ったのは、メキシコで道端にビニール袋に入れたテパチェが売られているのに出会ったとき。天然発酵で生じるアルコール度数はそれほど高くないのに、太陽の照らす中、パイナップルを発酵させたお酒を袋から飲んでいると、自分がタフになったような気分がしてしまうもの。とてもさわやかでメキシコではそこらじゅうで売っている。オルチャータやアグアデジャマイカ、それにありとあらゆる種類の新鮮でワイルドなフルーツなど、地元産の果物やハーブ、スパイスを使ったメキシコのおいしいドリンクは、屋台で飲むと格別」

テパチェ

「リタズ」のオーナー兼チーフバーテンダー、ミッシー・フリンのレシピ

材料（2ℓ容器1つ分）
パイナップル…大1個（よく洗い、根元の部分を落とす）
ピロンチロ（未精製の黒砂糖）または柔らかいブラウンシュガー…約500g
チレ・アンチョ（メキシコの乾燥唐辛子）…1本（乾煎りする）
粒黒コショウ…6粒
シナモンスティック…大1本

1. パイナップルを準備する。果肉から皮を切り取るようにしてむき、パイナップルを半分に切る。芯を取り、皮を2.5cmの厚さに切る。芯を荒く刻み、果肉は使わないので別にしておくか食べてしまう。
2. 清潔な2ℓのびんに、パイナップルの皮と芯と砂糖を入れる。テパチェの甘さは好み次第だが、パイナップルの皮と芯と同じ量の砂糖を使うのがちょうど良いバランス。全体をよく混ぜて、砂糖をパイナップルにまんべんなくまぶす。
3. チレ・アンチョと浄水1.5ℓを鍋に加える。コショウとシナモンを加え、3〜5分、スパイスの効いたぬるいお茶のような状態になるまでゆっくり加熱する。沸騰させないこと。
4. 火からおろし、びんに注ぎ入れ、スパイスも加える。かき混ぜてから、びんの口にモスリンの布（またはガーゼ）をかける。肉用のタコ糸で縛り、温かい場所に24時間置く。天然酵母と果物の糖分、それに黒砂糖の反応によって発酵が起きる。発酵にかかる時間には差があるが、24時間後には様子を見てみて、表面に浮いた白い泡があれば取り除く。泡が出るのは、生きている証拠！
5. さらに12時間、表面の泡がもっと目立つまで、発酵させる。過発酵は苦味と酸味につながるので、この段階で網目の細かいざるに通し、パイナップルの皮と芯とスパイスを取り除き、液体をびんに戻す。ふたも戻して、室温で一晩発酵させる。
6. 冷蔵庫に入れて、1週間以内に飲む。ストレートでもおいしいし、テパチェイラーダのレシピ（136ページ）に使っても、テパチェ2対炭酸水1の割合で割っても良い。氷を入れてどうぞ。

ミッシーと私は2015年、「リタズ」の地下のナイト・エルム・バーで「ザ・デッド・パーティー」を開きました。そのときに出したのがこのドリンクです。スパイスの効いた「セルベッサ」(ビール)であるミケラーダを、ミッシーらしくアレンジしたレシピ。テパチェはこうやって飲むのが、ミッシーの大のお気に入りです。「テパチェはパイナップルの深みと甘み、それに目が覚めるようなスパイシーさを加えてくれる。ビールの泡と、パイナップルの泡の出会い。これを事前に作っておく賢明さがあれば、二日酔いもあっという間に治ってしまう」とミッシー。手早くおいしいビールカクテルを作りたければ、テパチェを事前に用意し、冷蔵庫にビールやライムを常備しておけば、それでOK。

テパチェイラーダ

「リタズ」のオーナー兼チーフバーテンダー、ミッシー・フリンのレシピ

材料(1人分)
ライム…適量
海の塩…適量
テパチェ(134ページ)
　…大さじ1〜2
ライムの絞り汁…大さじ1
好みのメキシコ風辛味ソース(バレンティーナやチョルーラなど、少し甘みもあるタイプがおすすめ)…適量
砕いた黒コショウ…1つまみ
ウスターソース…適量
氷…適量
メキシコ産ビール
　(ダークまたはライト)…1本
赤唐辛子(スライスする)…適量

1. ライムの切り口をビールグラスの口にこすり付け、塩に漬ける。
2. テパチェ、ライムの絞り汁、辛味ソース(私は辛くするのが大好き!)、コショウ、ウスターソースをグラスに入れる。
3. 氷をグラスの口まで入れて、ビールを注ぎ、好みで唐辛子とライムを飾る。かき混ぜて飲んでみて。

Index 料理別・材料別索引

あ
- 赤しそ酢　　55
- アジャール　　47
- アムステルダム風玉ねぎのピクルス　　91
- イタリア風ピクルス　　48
- ウイスキー：ピックルバック　　129
- ヴィネガー・酢
  - 赤しそ酢　　55
  - エルダーフラワー・ヴィネガー　　55
- ウォッカ
  - キムチ・ブラッディメアリー　　126
  - ピクルティーニ　　125
- ウォーターケフィア
  - ルバーブとジャスミン風味の
    ウォーターケフィア　　130
- ウマミ・ケチャップ　　77
- えび：えびのピクルスのトスターダ、
  サルサ・ボラーチャ添え　　115-116
- エルダーフラワー・ヴィネガー　　55
- オクラ
  - バーボン・唐辛子風味のオクラのフライ　　94
  - バーボン風味のオクラのピクルス　　30、32
- オランダ風にしんの酢漬け　　91
- オレンジブロッサム風味の
  にんじんのピクルス　　30、43

か
- カキ
  - 生ガキのしょうゆ漬け唐辛子添え　　92
- からし菜漬け　　51、53
- カリフラワー
  - アジャール　　47
- カルダモン風味のプラムのピクルス　　36
- きのこ（しいたけ、マッシュルーム）
  - イタリア風ピクルス　　48
  - しいたけのコーヒー風味ピクルス　　21、25
- キムチ　　64
  - キムチオランデーズ　　79
  - キムチとスティルトン・チーズの
    グリルサンドイッチ　　121
  - キムチバター　　82
  - キムチ・ブラッディメアリー　　126
  - ケールのキムチ　　65、69
  - 大根キムチ　　51、65、66
  - 白菜のキムチ　　65、68
  - F.A.T風キムチ辛味ソース　　51、74
  - F.A.T風ごまキムチ　　65、71
- キャベツ
  - アジャール　　47
  - しょうがとレモン風味のザワークラウト　　62、63
  - 正統派ザワークラウト　　60、63
  - バハ・フィッシュ・タコス、ハラペーニョ・
    コールスローのピクルス添え　　119
  - ハラペーニョのザワークラウト　　62、63
  - 究極のミートボール・サンドイッチ　　97
- きゅうりメロンのピクルス　　129

きゅうり
- きゅうりとディルのピクルス　　17
- キョート・ピクルス　　50
- ニューヨーク風デリ・ピクルス　　59
- キョート・ピクルス　　50
- クリーム：スモーキークリーム・ディップ　　94
- くるみとルッコラのペースト　　98
- ケールのキムチ　　65、69
- 子牛肉：子牛肉のカルパッチョ、
  ぶどうのピクルス添え　　113
- 子玉ねぎのタイ風ピクルス　　19
- ごま
  - F.A.T風キムチ辛味ソース　　51、74
  - F.A.T風ごまキムチ　　65、71
- コールスロー：バハ・フィッシュ・タコス、
  ハラペーニョ・コールスローのピクルス添え　　119

さ
- 魚
  - オランダ風にしんの酢漬け　　91
  - バハ・フィッシュ・タコス、ハラペーニョ・
    コールスローのピクルス添え　　119
- サルサ
  - えびのピクルスのトスターダ、
    サルサ・ボラーチャ添え　　115-116
- ザワークラウト
  - しょうがとレモン風味のザワークラウト
    　　62、63
  - 正統派ザワークラウト　　60、63
  - ハラペーニョのザワークラウト　　62、63
- サンドイッチ
  - キムチとスティルトン・チーズの
    グリルサンドイッチ　　121
  - 究極のミートボール・サンドイッチ　　97
- サンファイアのピクルス　　20
- しいたけのコーヒー風味ピクルス　　21、25
- 自家製シラチャーソース　　86
- 自家製ラー油　　78
- 四川風スイカのピクルス　　21、23
- しょうがとレモン風味のザワークラウト　62、63
- ジンジャービール　　133
- スイカ：四川風スイカのピクルス　　21、23
- ズッキーニ
  - イタリア風ピクルス　　48
- スティルトン・チーズ
  - キムチとスティルトン・チーズの
    グリルサンドイッチ　　121
  - スティルトン・ディップ　　81
  - F.A.T風バッファロー・ウイング　　99
- 正統派ザワークラウト　　60、63
- 即席赤しそ酢漬け　　51、52
- 即席パーティー・ピクルス　　41
- ソース
  - ウマミ・ケチャップ　　77
  - キムチオランデーズ　　79
  - 自家製シラチャーソース　　86
  - 自家製ラー油　　78
  - F.A.T風キムチ辛味ソース　　51、74

た
- 大根
  - 大根キムチ　　51、65、66
  - バインミー・ピクルス　　26
- タコス
  - チポトレ唐辛子と豚肉のタコス、
    ユカタン風ピクルス添え　　110
  - バハ・フィッシュタコス、ハラペーニョ・
    コールスローのピクルス添え　　119
- 卵：チポトレ唐辛子入り卵のピクルス　　44
- 玉ねぎ
  - アムステルダム風玉ねぎのピクルス　　91
  - 子牛肉のカルパッチョ、
    ぶどうのピクルス添え　　113
  - 小玉ねぎのタイ風ピクルス　　19
  - 即席赤しそ酢漬け　　51、52
  - ユカタン風ピクルス　　39
- ダンダン麺　　100
- チキンウイング
  - ピクルス・フライド・チキンウイング　　103
  - F.A.T風バッファロー・ウイング　　99
- チポトレ唐辛子入り卵のピクルス　　44
- チポトレ唐辛子と豚肉のタコス、
  ユカタン風ピクルス添え　　110
- 茶
  - ルバーブとジャスミン風味の
    ウォーターケフィア　　130
- ディップ
  - スティルトン・ディップ　　81
  - スモーキークリーム・ディップ　　94
- ディル
  - きゅうりとディルのピクルス　　17
  - ニューヨーク風デリ・ピクルス　　59
- テパチェ　　134
- テパチェイラーダ　　136
- 天然酵母フラットブレッド、クミン風味の
  ラムハツと青唐辛子のピクルス載せ　　105
- 唐辛子
  - えびのピクルスのトスターダ、
    サルサ・ボラーチャ添え　　115-116
  - 自家製シラチャーソース　　86
  - 自家製ラー油　　78
  - 即席パーティー・ピクルス　　41
  - チポトレ唐辛子入り卵のピクルス　　44
  - チポトレ唐辛子と豚肉のタコス、
    ユカタン風ピクルス添え　　110
  - トルコ風青唐辛子ピクルス　　35
  - バーボン・唐辛子風味のオクラのフライ　　94
  - F.A.T風キムチ辛味ソース　　51、74
  - ホイップした燻製脂、スコッチボンネット
    唐辛子のピクルス添え　　108

トマト
　ウマミ・ケチャップ　77
　キムチ・ブラッディメアリー　126
　マスタード風味の豚まん、
　　グリーントマト添え　107
ドリンク　123
　キムチ・ブラッディメアリー　126
　きゅうりメロンのピクルス　129
　ジンジャービール　133
　テパチェ　134
　テパチェイラーダ　136
　ピクルティーニ　125
　ピックルバック　129
　ルバーブとジャスミン風味の
　　ウォーターケフィア　130
トルコ風青唐辛子ピクルス　35
トルティーヤ
　チポトレ唐辛子と豚肉のタコス、
　　ユカタン風ピクルス添え　110
　バハ・フィッシュ・タコス、ハラペーニョ・
　　コールスローのピクルス添え　119

な
梨のピクルス　31
なす
　イタリア風ピクルス　48
　えびのピクルスのトスターダ、サルサ・
　　ボラーチャ添え　115-116
　キョート・ピクルス　50
　なすの赤みそ漬け　50
　生ガキのしょうゆ漬け唐辛子添え　92
ニューヨーク風デリ・ピクルス　59
にんじん
　アジャール　47
　オレンジブロッサム風味の
　　にんじんのピクルス　30、43
　即席パーティー・ピクルス　41
　バインミー・ピクルス　26

は
パイナップル：テパチェ　134
バーガー：マスタード風味の豚まん、
　グリーントマト添え　107
白菜
　白菜のキムチ　65、68
　F.A.T風ごまキムチ　65、71
バター：キムチバター　82
バターミルク
　スティルトン・ディップ　81
　ピクルス・フライド・チキンウイング　103
発酵食品　56
バハ・フィッシュタコス、ハラペーニョ・
　コールスローのピクルス添え　119
バーボン・唐辛子風味のオクラのフライ　94
バーボン風味のオクラのピクルス　30、32
ハラペーニョ唐辛子（唐辛子も参照）
　生ガキのしょうゆ漬け唐辛子添え　92
　バハ・フィッシュ・タコス、ハラペーニョ・
　　コールスローのピクルス添え　119
　ハラペーニョ風味のザワークラウト　62、63
ピクルス　15
　アジャール　47
　アムステルダム風玉ねぎのピクルス　91
　イタリア風ピクルス　48
　オレンジブロッサム風味の
　　にんじんのピクルス　30、43
　からし菜漬け　51、53
　カルダモン風味のプラムのピクルス　36
　きゅうりとディルのピクルス　17
　キョート・ピクルス　50
　小玉ねぎのタイ風ピクルス　19
　サンファイアのピクルス　20
　しいたけのコーヒー風味ピクルス　21、25
　四川風スイカのピクルス　21、23
　即席赤しそ酢漬け　51、52
　即席パーティー・ピクルス　41
　チポトレ唐辛子入り卵のピクルス　44
　トルコ風青唐辛子ピクルス　35
　梨のピクルス　31
　なすの赤みそ漬け　50
　生ガキのしょうゆ漬け唐辛子添え　92
　ニューヨーク風デリ・ピクルス　59
　バインミー・ピクルス　26
　フェンネルの甘味ピクルス　31
　ホースラディッシュ風味の
　　ビーツのピクルス　28
　マスタードシードのピクルス　85
　ユカタン風ピクルス　39
　リコリス風味のビーツのピクルス　28
　ローズマリー風味のプラムのピクルス　36
ピクルス・フライド・チキンウイング　103
ピクルティーニ　125
ピックルバック　129
ビーツ
　ホースラディッシュ風味の
　　ビーツのピクルス　28
　リコリス風味のビーツのピクルス　28
ビール
　ジンジャービール　133
　テパチェイラーダ　136
　バーボン・唐辛子風味のオクラのフライ　94
フェンネル：フェンネルの甘味ピクルス　31
ぶどう
　子牛肉のカルパッチョ、
　　ぶどうのピクルス添え　113

プラム
　カルダモン風味のプラムのピクルス　36
　プラム・マスタード　85
　ローズマリー風味のプラムのピクルス　36
ペースト：くるみとルッコラのペースト　98
ホイップした燻製脂、スコッチボンネット
　唐辛子のピクルス添え　108
ポーク（豚肉）
　究極のミートボール・サンドイッチ　97
　ダンダン麺　100
　チポトレ唐辛子と豚肉のタコス、
　　ユカタン風ピクルス添え　110
　マスタード風味の豚まん、
　　グリーントマト添え　107
　ホースラディッシュ風味の
　　ビーツのピクルス　28
細ねぎ
　スモーキークリーム・ディップ　94

ま
マスタード
　プラム・マスタード　85
　マスタードマヨネーズ　107
　マスタード風味の豚まん、
　　グリーントマト添え　107
　マスタードシードのピクルス　85
マヨネーズ
　マスタードマヨネーズ　107
麺：ダンダン麺　100

や
ユカタン風ピクルス　39

ら
ラディッシュ：即席パーティー・ピクルス　41
ラム
　天然酵母フラットブレッド、クミン風味の
　　ラムハツと青唐辛子のピクルス載せ　105
リコリス風味のビーツのピクルス　28
ルッコラ：くるみとルッコラのペースト　98
ルバーブとジャスミン風味の
　ウォーターケフィア　130
ローズマリー風味のプラムのピクルス　36

アルファベット
F.A.T風キムチ辛味ソース　51、74
F.A.T風ごまキムチ　65、71
F.A.T風バッファロー・ウイング　99

著者フレディー・ジャンセンについて

ピクルスが大好物のフレディー・ジャンセンは、2008 年にオランダのマーストリヒトからロンドンに移住。F.A.T 創設者。F.A.T は期間限定カフェやサパー・クラブの主催のほか、全てフレディーが作るピクルスとキムチ、ソースをロンドン市内の多数のレストランやショップに納入している。フレディーは、ロンドンの新しい食の名所、ドルイド・ストリート・マーケットにもストールを出している。

謝辞

この本を実現するために力を貸してくれた全ての人、広告業界から食の世界に飛び込んだ私をサポートしてくれた全ての人に、心から感謝します。

母と父と姉は、この数年間、私が実際にどんなことをしているのか実態を知らないままに、とても大きな助けになってくれました。いつも私がやりたいことをさせてくれて、一生懸命努力すること、仕事をやり遂げることを、いつも応援してくれました。

F.A.Tを一緒に始めた仲間のアリスとテレンスに感謝します。AとT抜きでFだけに独立するのを快く許してくれました。

一緒に暮らしているヘンリーとチャーリーは、家がピクルスのびんや発泡飲料のボトルだらけで、まるで怪しげな実験室になるのを許してくれました。心から感謝します。これからは、冷蔵庫を好きなように使ってくださいね。

ハーディー・グラントのケイトとカジャルに感謝します。まず私を信じて、本を書くように依頼してくれました。それから大きな自由を与えてくれて、最高にすてきな本を作ることができました。

そしてミレナに、ありがとう、ありがとう、ありがとう。「くもりときどきミートボール2」みたいな本にしたいという私の期待をさらに上回り、「プールサイドのパーティー」のテーマで、世界一のイラストを描いてくれました。

この本の写真を撮ってくれたヘレン・キャスカートへ。メイソンのびんに入ったピクルスをただ撮影するだけでも良かったのに、ピクルスを最高にセクシーに見せてくれました。本当にすてきな写真をありがとう。

クレア・ワーナーは、とびきりの装丁をありがとう。最高に気に入りました！

レシピ編集者のケイト・ワンウィモラックにありがとう。時間と努力を惜しまず、私の原稿を手直ししてくれました。本当に助かりました。

故郷の幼なじみのスザンヌには、15年間続いている厚い友情に感謝。私がいつも自分のベストを尽くして一生懸命仕事をし、そしてハッピーでいられるのは、あなたのインスピレーションのおかげです。これからもよろしくね。

美しい鍋を提供してくれたクレーヌ・クックウェアに感謝します。最高品質の調理器具です。

ジェイムズとジョン、ありがとう。ジェイムズは、私が食のプロになるのを助けてくれました。ジョンは、最高のボスで、私がこの本を書くために休暇ばかり取るのを許してくれました。

ターヒール、ありがとう。私の文章がまともなのは、あなたのおかげです。

それから、レシピを提供してくれたミッシー・フリン、ガブリエル・プライス、ジェイムズ・ロウ、マグナス・リード、アイザック・マクヘールにも、どうもありがとう。

著者プロフィール
フレディー・ジャンセン　Freddie Janssen
2008年にオランダのマーストリヒトからロンドンに移住。ポップアップ・カフェやサパー・クラブの主催のほか、全てフレディーが作るピクルスとキムチ、ソースをロンドン市内の多数のレストランやショップに納入している。F.A.Tの創設者。ロンドンの新しい食の名所、ドルイド・ストリート・マーケットにも出店している。

訳者プロフィール
清水玲奈　Reina Shimizu
ジャーナリスト。東京大学大学院総合文化研究科修了（表象文化論）。ロンドンとパリを拠点に、執筆、翻訳、映像制作を行う。著書に『世界の夢の本屋さん2』『世界の夢の本屋さん3』『世界で最も美しい書店』『世界の美しい本屋さん』（いずれも弊社刊）、訳書に『くるみ割り人形』（大日本絵画）、『366日世界の旅』（ピエ・ブックス）、『素顔のモーツァルト』（グラフィック社）などがある。

装幀・デザイン　藤田康平（Barber）
DTP　天龍社

世界の作りおき野菜
みんなに愛される味付けの魔法

2017年3月15日　初版第1刷発行

著　者　フレディー・ジャンセン
訳　者　清水玲奈
発行者　澤井聖一
発行所　株式会社エクスナレッジ
　　　　〒106-0032
　　　　東京都港区六本木7-2-26
　　　　問い合わせ先
　　　　　編集　Tel:03-3403-1381
　　　　　　　　Fax:03-3403-1345
　　　　　　　　Mail:info@xknowledge.co.jp
　　　　　販売　Tel:03-3403-1321
　　　　　　　　Fax:03-3403-1829

無断転載の禁止
本紙掲載記事（本文、図表、イラストなど）を当社および著作権者の承諾なしに無断で転載（翻訳、複写、データベースへの入力、インターネットでの掲載など）することを禁じます。

 by Freddie Janssen

First published in 2016 by Hardie Grant Books
Text © Freddie Janssen
All rights reserved. No part of this publication may be reproduced, stored in a retrieval system or transmitted in any form by any means, electronic, electrostatic, magnetic tape, mechanical, photocopying, recording or otherwise, without the prior written permission of the Publisher.

Publisher: Kate Pollard
Senior Editor: Kajal Mistry
Editorial Assistant: Hannah Roberts
Cover and Internal Design: Claire Warner Studio
Illustrator © Melina Bucholz
Photography © Helen Cathcart
Photography Assistant: River Thompson
Prop Stylist: Linda Berlin
Copy editor: Kate Wanwimolruk
Proofreader: Charlotte Coleman-Smith
Indexer: Cathy Heath
Colour Reproduction by p2d
Author picture on page 142 © Issy Croker
Picture on page 120 © Victor Frankowski
Printed and bound in China by 1010

Japanese translation rights arranged with Quadrille Publishing through Japan UNI Agency, Inc., Tokyo

Printed in China